我国现代流通业的发展与变革研究

唐 桂 著

北京工业大学出版社

图书在版编目（CIP）数据

我国现代流通业的发展与变革研究 / 唐桂著． — 北京：北京工业大学出版社，2020.7（2021.8 重印）
ISBN 978-7-5639-7594-5

Ⅰ．①我… Ⅱ．①唐… Ⅲ．①流通业－研究－中国 Ⅳ．①F723

中国版本图书馆CIP数据核字（2020）第122787号

我国现代流通业的发展与变革研究
WOGUO XIANDAI LIUTONGYE DE FAZHAN YU BIANGE YANJIU

著　　者：	唐　桂
责任编辑：	刘卫珍
封面设计：	点墨轩阁
出版发行：	北京工业大学出版社
	（北京市朝阳区平乐园100号　邮编：100124）
	010-67391722（传真）　　bgdcbs@sina.com
经销单位：	全国各地新华书店
承印单位：	三河市明华印务有限公司
开　　本：	710毫米×1000毫米　1/16
印　　张：	11.5
字　　数：	230千字
版　　次：	2020年7月第1版
印　　次：	2021年8月第2次印刷
标准书号：	ISBN 978-7-5639-7594-5
定　　价：	46.00元

版权所有　　翻印必究

（如发现印装质量问题，请寄本社发行部调换 010-67391106）

前　言

现代流通业是国民经济的先导性产业，是现代市场经济的血脉，在促进生产、引导消费、推动经济结构调整和经济发展方式转变等方面发挥的作用日益突出，加快我国现代流通业发展和建立现代流通体系已经上升为国家战略。

随着我国社会主要矛盾转化为"人民日益增长的美好生活需要和不平衡不充分的发展之间的矛盾"，流通产业作为连接生产与消费的先导性产业，在支撑国民经济增长、引导优化生产、推动消费升级、解决就业、改善民生等方面将发挥越来越重要的作用。认真回顾我国流通产业改革发展历程，总结流通领域改革发展成就，对于人们正确认识流通产业，深刻把握流通产业发展瓶颈并采取有针对性的措施，推动国民经济高质量发展具有重要意义。

本书是作者在流通领域多年研究的阶段性成果，以商贸流通业为研究对象，将研究范围界定在商品流通的范畴，以发展方式转变为切入点，结合理论演绎、模型构建、实证研究和统计分析等方法，在明确界定商贸流通业及其发展方式内涵的基础上探讨我国商贸流通业发展方式转变的必要性和可行性。本书在比较分析的基础上，对商贸流通业发展方式转变的阶段性测度、内容体系构建、影响因素等做了全面阐释。

本书共七个章节。首先，分析了流通业与经济增长之间的概念和联系，并阐述了流通业增长的相关理论和分析方法；其次，对我国流通业增长的现状进行详尽阐释，包括我国流通业的总量增长和变化趋势等，在此基础上，深度探究了我国流通业改革的发展历程；再次，针对流通业可持续发展制度、商贸现代化建设、多领域创新环境下的流通业建设进行分析，旨在推动我国现代流通业的发展与改革；最后，对我国商贸流通业的发展方向进行展望，并指明未来的发展趋势。

尽管作者几经修改，书中仍难免存在些许疏漏之处，望广大读者批评指正！

目 录

第一章 流通业与经济增长 … 1
- 第一节 流通业的概念 … 1
- 第二节 流通理论的发展 … 2
- 第三节 流通业对经济增长的影响 … 8

第二章 流通业增长效率相关研究 … 13
- 第一节 流通业增长效率分析的理论基础 … 13
- 第二节 流通业效率与生产率的分析方法 … 30

第三章 我国流通业增长现状分析 … 49
- 第一节 我国流通业的总量增长 … 49
- 第二节 我国流通业的变化趋势 … 53

第四章 我国流通业发展的相关研究 … 57
- 第一节 我国流通业改革发展历程 … 57
- 第二节 流通业发展方式转变的意义 … 74
- 第三节 流通业发展方式转变的目标与原则 … 75

第五章 基于流通业持续发展的制度与环境的优化 … 81
- 第一节 现代产权制度的构建与作用 … 81
- 第二节 诚信社会环境的构建与作用 … 94
- 第三节 宏观经济环境的构建与优化 … 105

第六章 基于现代化建设的商贸流通业发展战略 … 115
- 第一节 国际商贸流通现代化的经验借鉴 … 115
- 第二节 基于现代化建设的商贸流通结构优化 … 120
- 第三节 基于现代化建设的商贸流通名牌战略 … 129
- 第四节 基于现代化建设的商贸流通物流战略 … 135

第五节　基于现代化建设的商贸流通人才战略 ················ 144
第七章　基于多领域创新的我国流通转型发展 ···················· 151
　　第一节　基于技术创新的流通转型发展 ························ 151
　　第二节　基于模式创新的流通转型发展 ························ 155
　　第三节　基于业态创新的流通转型发展 ························ 160
　　第四节　基于服务创新的流通转型发展 ························ 163
　　第五节　流通创新发展的未来趋势 ······························ 166
参考文献 ·· 171
后　记 ·· 175

第一章 流通业与经济增长

长期以来人们一直从生产领域的角度研究中国经济存在的经济增长、内需不足与经济发展方式转变等问题。随着经济改革的不断深入，经济发展中所出现的大生产、小流通局面加深了人们对流通业在引导生产、刺激消费、促进经济发展方式转变中的先导性地位和作用的认识。在这一背景下，大量文献运用现代经济学方法分析了流通业对经济增长的影响，但是由于缺乏从理论角度对流通业的经济增长效应的研究，因而其理论深度与现实意义有限。

第一节 流通业的概念

要界定流通业的内涵与外延就必须首先定义流通的研究范围。马克思主义经济学与西方经济学从不同角度对于流通问题进行了深入的理论研究，前者把流通作为生产、交换、消费和分配的一个重要方面，把流通作为社会再生产的一个环节去研究，具有系统性和全面性，西方经济学则是从财富的源泉、交换的实现等视角进行研究的，侧重流通问题的应用性，因而缺乏系统性和理论高度。这两种理论体系因为研究视角不同，导致研究问题与研究范式各不相同。除此之外，马克思经济学与西方经济学商贸流通理论共同的不足在于没有将流通作为一个产业进行研究，商贸流通环境的变化引起了宏观研究视角的转变，即商贸流通理论从过去局限于流通与生产关系的争论变成讨论如何将流通业放置于整个产业运行之中，从而解决商贸流通在宏观经济领域中的学理问题，这涉及了流通产业在国民经济运行中的地位和作用的相关讨论。现有研究对于流通业所包含的行业范围存在狭义与广义之分，也导致学术界对其作用机制和地位形成的认识不统一。

流通业从广义的角度划分包括商业、物流业、信息产业和金融产业。从这个角度我们可以看出这些行业尽管能包括流通业的各个方面，但是信息产业与金融产业显然还为流通业以外的其他产业服务，因而无法区分哪些属于流通产业的范畴，也就不能进行相应的应用性研究。从狭义的角度来看，流通业只包括专门从事商品流通的批发业、零售业，以及专门为商品流通服务的运输业、仓储业等。商品流通的本质是为了解决商品生产与消费在时间和空间上的分离问题，由专门的流通业来发挥流通中介所具有的独特功能，通过流通过程中的专业化与更高的流通效率来降低生产与消费的交易成本，并从中获益。只有这样，流通业才有存在的必要性。从商品流通内在要素的专业化体系来看，流通体现为商流、物流和信息流以及它们在交换（流通）内部分工的发展轨迹，信息流是对商流、物流的情况反映。

根据我们的概念界定，从服务业的视角来看，本书研究的流通业属于消费性服务业，不同于生产性服务业。因而本书主要研究作为商品生产和消费媒介的流通业，而不是从直接或间接为生产过程提供中间服务的视角探讨流通业，其外延只包括两大部门：一是商业，主要是指批发业和零售业；二是专门为商业服务的物流业，主要包括仓储业、交通运输及邮政业。

第二节　流通理论的发展

在经济思想史上，流通理论可以分成马克思主义经济学与西方经济学两大商贸流通理论，因此本章对流通业与经济增长问题的理论研究也将从这两大理论体系的比较中展开评述。

一、马克思主义经济学对流通理论的研究

马克思在研究社会经济运行，并力图揭示资本主义生产方式存在矛盾的过程中，对流通问题进行了深刻研究。他将流通作为社会再生产的一个环节，把社会再生产分为互为媒介的生产过程和流通过程进行分析，不仅强调生产决定流通，而且流通也反作用于生产，并指出"当市场扩大，即交换范围扩大时，生产的规模也就增大，生产也就分得更细"，并从流通时间与流通费用的角度阐明了市场经济条件下流通在社会资本循环与资本周转中的作用，并保证了社会简单再生产与扩大再生产的顺利进行。

资本循环需要花费一定的流通时间和流通费用。马克思将一定资本的总流通时间分成流通时间与生产时间。流通时间不仅关系到剩余价值的实现过程，而且决定了产品对消费者的有用性。流通时间越短，资本用于价值增值的时间就越长，从而使得一定量资本产出所需要的资本投入量越少，即资本的生产

效率越高，从而越能促进经济增长。从流通环节对经济增长的影响来看，资本循环在流通环节中所耗费的费用即流通费用。马克思将商品流通费用划分为纯粹流通费用与生产性流通费用。无论是纯粹流通费用还是生产性流通费用，都是由于商品从生产到消费转移而出现的，因而都会构成商品价值中的一部分成本。

由此可见，流通时间和流通费用会影响到生产过程的顺利进行，如果生产过程不能进入流通过程，就不能完成资本循环，也就无法实现简单再生产与扩大再生产。

通过马克思主义经济学对流通与生产的关系问题研究，我们发现该流通理论是以资本循环的流通时间与流通费用来说明流通对生产的反作用的，从而建立了流通业影响经济增长的微观基础。

马克思主义经济学还从生产与消费的矛盾入手，阐明了生产和消费的矛盾是流通得以演进的动力，也提出了流通对消费及社会再生产的反作用。首先，当商品的生产和消费的矛盾表现在时间上不一致时，比如当期生产的产品可能因为消费者自身原因不能同期满足时，或者消费者当期有需求，而生产无法同期满足，这都要求流通的存货来满足生产和消费的时间不一致性。另外，生产和消费在空间上存在矛盾，这时商品流通的存货和运输才能使生产和消费继续进行，市场主体的非人格化交易凸显了流通在生产和消费中的重要作用。至于生产的集聚效应和消费的分散或者生产的分散和消费的集聚等矛盾对发达的商品流通提出了更高的要求。其中批发和零售的分工缓解了生产和消费的矛盾，也说明了流通在社会生产中的先导地位。通过梳理马克思主义经济学对流通问题的研究，我们可以看出流通业不仅影响生产，也影响消费。

二、当代西方经济学对流通理论的研究

由于经济发展阶段的差异，不同时期的西方经济学对流通理论研究的重点各不相同。而不同的经济学流派则因为彼此之间存在的理论缺陷形成了相互补充。具体可从以下流派进行分析。

（一）古典政治经济学对流通理论的研究

古典政治经济学源自人们对流通的研究。17世纪20年代初，英国经济学家托马斯·孟最早在《英国得自对外贸易的财富》一书中主张重商主义，强调对外贸易能够促进财富的不断增长。之后的亚当·斯密则在《国民财富的性质和原因的研究》一书中，将生产与交换联系起来，指出社会分工可以提高劳动生产率，而生产分工的前提是交换，交换使各种专业化生产成为可能。这表明交换的产生有利于形成分工，从而提高劳动生产率来促进经济增长。对于交换与生产的内生关系，亚当·斯密与大卫·李嘉图先后提出了绝对优势理论、相对优势理论，这些理论通过分析国家之间的产业间贸易及所形成的产业间分工，来解释流通对经济增长的作用机理，前者提出的分工与专业化理论已经包含内生的比较优势思想，但是由于分析工具的局限性，前者并没有构建流通促进经济增长的微观机制。后者对比较优势的理解则是外生的，显然更加无法体现出是交易效率的改进促进了专业化分工的演进与经济发展。

（二）新古典经济学对流通理论的研究抽象与淡化及流通理论在国际经济学中的体现

19 世纪 70 年代，随着西方经济学边际革命的兴起，新古典经济学的研究方向逐渐转向一般生产均衡研究。这一时期人们采用假设—推理两阶段的公理性研究方法，决定了其理论研究是基于对现实的抽象，其中为了分析市场对于资源配置的有效性。新古典经济学假设生产者和消费者直接见面，市场完全竞争，供求自动均衡，从而舍弃了客观上存在于两者之间的媒介要素流通。这导致新古典经济学只对研究生产者行为和消费者行为有系统性的生产理论、消费理论、市场理论等，却没有专门的流通理论。

新古典经济学对流通的抽象和淡化是建立在成熟的市场经济体条件下的，因为要素的自由流动，市场机制可以自由调节资源的使用情况，使之达到最优配置。但是国际贸易由于交通运输、关税壁垒等原因使得要素不能自由流动，因此供给与需求难以实现有效对接，流通或贸易的重要性就凸显出来了，成为经济学研究不可回避的一个问题。

这一时期传统贸易理论的外生比较优势无法解释要素禀赋相似的发达国家之间的大量贸易现象。新贸易理论的规模经济、知识外溢和"干中学"学说则从规模经济、不完全竞争多样化、产品差异性等概念和思想分析国家之间的产业内贸易，形成了内生比较优势与产业内分工所导致的国际贸易。赫尔普曼和克鲁格曼引入规模经济来分析比较优势，指出如果贸易满足了消费者偏好的多样性与增加了消费者的需求弹性，那么单个厂商的规模效率也能改进。这样，单个厂商通过规模经济作用确立了在国际市场中的优势，从而导致产出增加。格鲁斯曼和赫尔普曼从研究与开发（R&D）的角度推进了比较优势理论，通过一个产品创新与国际贸易的多国动态一般均衡模型来研究通过 R&D 产生的比较优势和世界贸易的跨期演进。格罗斯曼和麦吉还从人力资本配置的角度分析了国际间的比较优势。他们发展了一个具有相似要素禀赋的国家间贸易竞争模型，分析了人力资本的分配对比较优势和贸易的影响。克莱里达和芬德莱分析了政府对比较优势和贸易的贡献。

新贸易理论虽然从不同角度分析了比较优势的产生原因，以及国家之间如何利用各自的比较优势进行产业间与产业内贸易以促进相关国家的经济增长，但是它们共同的缺陷在于新贸易理论无法内生解释专业化组织的演进与分工水平的提高，从而导致了国内贸易和国际贸易的割裂，无法解释国内贸易怎样发展到国际贸易的理论逻辑，其原因在于新贸易理论没能从交易效率的影响入手，从而不能解释流通为什么产生及相应的经济增长为何出现。

（三）非主流经济学对流通理论的研究

由于西方主流经济学中人们对流通与经济增长的相互关系认识不够深入，非主流经济学也对流通问题进行了大量的研究。

1. 新制度经济学中的交易费用视角

新制度经济学将市场与企业视为一种制度安排，并将交易费用作为这两种制度相互替代的根据。因此，新制度经济学的核心理论就是交易费用理论。新制度经济学从交易费用的视角延伸了对流通理论的分析，新制度经济学通过研究社会交易过程，从制度安排的角度分析如何降低交易费用，从而增进社会福利，提高经济运行效率。交易费用虽然与我们所研究的流通费用存在一定差异，但是交易也包含了一般的交换和流通。交易费用理论也能在一定程度上解释了流通的产生及其对经济增长的促进作用。

2. 新兴古典经济学对流通理论的研究

新兴古典经济学主要是运用新兴古典经济学的分工与专业化的精彩思想，采用超边际分析方法对交换的产生、贸易的形成以及批发与零售的分工等流通经济学中的一些重要问题进行分析和拓展。20 世纪 80 年代以后，杨小凯等华人经济学家采用超边际分析方法与非线性规划将新古典经济学所忽视的分工与专业化思想纳入决策和均衡模型，从而解决了新古典经济学采用的边际分析法无法解释的有关古典经济学的流通问题。具体而言，该学派的研究在于将交换的产生、贸易的形成、批发与零售的分工、流通渠道的演化等流通经济学中的一些重要问题以规范的形式进行阐述，试图以分工、专业化及与之相关联的交换和流通建立起宏观经济增长的微观模型。其中，杨小凯和博兰德在批评新古典主流理论的基础上，从专业化和分工的角度拓展了对内生比较优势的分析。他们认为，内生比较优势会随着分工水平的提高而提高。由于分工提高了每个人的专业化水平，从而加速了个人人力资本的积累。这样，一个即使没有先天的或者说外生比较优势的个人通过参与分工，提高自己的专业化水平，也能获得内生比较优势。杨小凯最早使用超边际及一般均衡分析方法正式化了"职业中间商"，指出专业化经济和城市化程度的增加可能造成交易效率、交易活动的专业化水平的人口和税收比重，以及人均真实收入同时增加。一个交易的分层结构和职业中间商将从这个演进中出现。

在此基础上，庞春运用超边际及一般均衡方法，通过引入交易服务中间商将交易效率内生化，从而说明交易服务中间商在经济中的出现是经济演进的标志，并根据该模型对服务业缘何成为发达国家的主导产业给出了一个微观解释，即制度效率比服务交易效率的改进程度更大，或当服务业的劳动生产率提高，从生产部门向交易部门的劳动力迁移将增加，因而经济增长呈现以服务业发展为导向的增长态势。庞春和史何灵使用分工的超边际方法同样将赚取差价的分销中间商在经济中出现和存在的理由进行正式化，并论证了分销中间商的出现同样是经济演进的标志。

新兴古典经济学对流通业的经济增长效应是沿着交易效率的视角展开的，通过规范的框架形成分工与专业化的相互关联，从而构建了流通促进经济发展的微观基础。该理论使用超边际分析方法对交易效率的内生化，逐渐加深了人们对流通与经济增长关系的理解。但是，杨小凯构建的职业中间商模型虽然将商品的交易效率内生化了，却没有解决交易服务的贸易效率内生化问题，换言之，交易服务的贸易效率参数在其模型中是外生给定的，因而无法解释现实经济中商流中间商与物流中间商的分工问题。而庞春虽然将制度效率参数与交易服务的交易效率参数统一到同一个模型中，但依然是假定交易服务的交易效率参数是外生的，而他对商流中间商与物流中间商虽然分别构建了相应模型，并给予内生解释，却没有将两者统一到一个模型中加以说明，即无法回答商流中间商与物流中间商的相互内生关系，因而其解释力度是不充分的。

（四）区位理论与城市经济学对流通理论的研究

19世纪20年代，一些西方经济学流派从应用角度出发，分析了流通对产业生产布局的影响，比如区域经济学主要研究商业的发展规模与布局的选择问题。杜能与韦伯分别创立了农业区位理论与工业区位理论，认为交通运输成本、劳动力成本和集聚经济决定了产业区位的选择，该理论证明了城市产生与发展的重要原理。克里斯塔勒则从贸易的角度提出了中心区位理论来解释城市增长的原因。与此类似，廖什提出了中心市场理论，认为城市实际起到了中心市场的功能。其中，奥沙利文不仅将聚集经济原理用于分析工业的聚集，而且也用于对商业聚集的分析。奥沙利文认为："城市存在的原因在于个人无法做到不依靠市场而满足自己的消费需要。"由于地区间的比较优势导致地区间进行贸易往来更能增进地区的社会福利，从而地区间贸易有利于以市场为特征的城市兴起。除此之外，工业生产过程中的内部规模经济效应有利于提高企业的生产效率，促进了以工业集中为主的城市发展。对于城市内部和城市间的商品流通，戴维·F.巴滕和戴维·E.博伊斯建立了空间相互作用、运输和区域间商品流通模型的"商圈"理论，研究了区域内商品零售业的规模与布局问题。

由此我们可以看出，区域经济学主要是从流通业对城市形成和发展的贡献角度进行分析，具有一定的片面性，而且其应用性更加突出，因而没能解决流通中交易效率的内生化与经济增长的演进问题。

在非主流经济学中，新制度经济学与新兴古典经济学都涉及了交易费用的概念，但是前者与后者相比，仍然是假定交易费用外生，并且没有正式化的贸易模型解释流通对经济增长的效应。从已经发展的贸易理论来看，传统贸易理论虽然不仅能研究国与国之间的贸易，也能分析国家内部各地区间的贸易，但是其是建立在外生比较优势基础上的，无法解释比较优势相似的发达国家间的贸易发展，而新贸易理论相对传统贸易理论虽然成功地说明了两个国家即使在技术、禀赋和偏好相同的情况下，由于垄断竞争和内部规模报酬递增的存在，国际贸易仍有可能发生，但是基于迪克西特－斯蒂格利茨模型（D-S 模型）的新贸易理论相对于新兴古典贸易理论在以下方面存在不足。第一，D-S 模型假定分工给定，即假定生产者与消费者分别给定条件，因而不能解释专业化程度和分工水平，当然就不能解释分工演进与经济组织结构的变迁等经济现象。第二，如果国际贸易和国内贸易的交易效率差别不大，自给自足就不能在 D-S 模型的均衡中出现，而新兴古典贸易模型中，只要国内国际贸易的交易效率同时由低向高变化，经济就会从自给自足演变到多个互不往来的地方市场，并进一步实现国内地方市场一体化，最后发展到全球市场一体化，成为经济全球化的体现。从这点而言，新贸易理论的 D-S 模型仍然是外生贸易模型，而新兴古典贸易模型才是内生贸易模型。从这两种贸易理论的比较来看，新兴古典贸易理论更能解释流通对经济增长的影响。

以上分析表明，虽然在现代西方主流经济学中流通问题已经被抽象和淡化，不再是研究的核心问题，但这并不意味着流通问题在经济学的研究中不再重要。西方主流经济学理论是建立在严格的假设条件基础上的，如完全竞争、完全信息、市场自动出清等。而实践表明，即使在一国内部，特别是像中国这样的发展中国家,仍然存在典型的城乡二元经济结构,使得主流经济学的许多假设在现实中并不存在,也就是商品的流通过程并非零成本地进行,流通过程中的资源稀缺与配置问题就成为不可回避的重要经济学问题,而各种非主流经济学对流通问题的重新关注,也印证了这一点。

通过对现有流通研究的相关理论进行比较,我们可以发现,马克思主义经济学与西方经济学对流通问题的研究视角与研究范式不同。马克思主义经济学注重将流通作为社会再生产的一个环节进行研究,西方经济学主要从财富的来源角度分析,因此就理论的高度而言,马克思主义经济学高于西方经济学。在所有的西方经济学流派中只有新兴古典经济学通过分工和专业化所导致的经济效率与分工所带来的交易费用的两难冲突将流通业的经济增长效应内生并正式化,因而本书将以马克思主义的流通理论作为理论基础,结合新型古典经济学的研究范式,通过将物流中间商与商流中间商内生化,以此来分析流通业的经济增长效应,从而使我们的研究更具有说服力。

第三节 流通业对经济增长的影响

长期以来,理论界只是片面地理解商贸流通理论,只认识到生产对流通的决定作用,而没有认识到流通业对生产的制约作用,这导致人们在实践中只重视发展生产而忽视了流通的促进作用。买方市场的形成使得消费者日益处于推动经济增长的支配地位,而流通业的增长速度与质量如何决定了消费能否顺利实现,从而影响了商品生产的有用性,从这个角度讲,流通业的地位发生了显著变化,日益成为国民经济的先导产业和基础产业。另一方面,国际金融危机的爆发导致出口受阻,扩大内需成为保持经济持续增长的关键。因此,研究流通对经济增长的影响具有非常重要的理论意义与现实意义。

关于流通对经济增长影响的实证研究文献较多,大量学者主要从统计与计量分析的角度对流通业与经济增长的关系进行经验检验。现有文献主要从国内生产总值(GDP)或国民生产总值(GNP)、经济增长、三次产业、社会就业、国民福利及城市形成和发展等方面分析流通产业的贡献及相关测度方法。尽管选择视角不一样,但是人们都得出了流通业对经济增长的促进作用,认为需要重视流通业在经济增长中的先导性地位。

一、流通业对国民经济贡献的视角

杨宜苗测算了流通产业对 GDP 与经济增长的贡献,由此说明流通产业的产出弹性远低于主要发达国家，流通拉动力量较弱，流通产业在国民经济中的地位较低，发展较为滞后。

孙敬水、张迪平通过测算流通业所有制结构变迁对经济增长的贡献表明在流通业所有制结构调整和完善过程中，非公有制经济对经济增长的促进作用日益增加，体现了调整所有制结构的必要性。王乔等人通过构建税收贡献指标，对中国流通业的税收贡献进行实证分析，结果表明专门从事商品流通的批发、零售贸易、餐饮业等行业的税收贡献过度，交通运输、邮电通信和仓储业等为商品流通服务的行业的税收贡献不足，从区域差异来看，中西部地区流通业税收贡献高于东部地区。

只有一小部分人是从新兴古典贸易理论模型的角度对流通与经济增长的关系进行探讨，而大部分人都是从实证角度就流通业对经济增长的影响进行计量分析的，其包括直接影响和间接影响两方面，直接影响表现在对GDP的贡献额和贡献率上，间接影响则是商贸流通服务业的发展对产业结构调整及经济运行效率提高等经济增长质量方面所产生的促进作用。但是，目前关于流通业对经济增长影响的研究文献不多，大部分是从定量的角度来对流通产业对经济增长的影响力来进行研究。

二、流通业在国民经济中的地位的视角

一些文献从流通产业在国民经济中的地位的角度分析流通对经济增长的效应。刘国光很早就提出在买方市场逐渐形成，内需不足的情况下，经济从资源约束型、供给约束型变为市场约束型和需求约束型的时候，流通产业的地位就提高了，成为启动市场经济，并使之周而复始地运行的起点，流通产业因而从末端产业升为先导产业。在现代经济增长中，随着工业化进程的宣告结束，商业对促进经济持续增长的作用日益突出。白永秀、任保平认为随着短缺经济时代的结束，消费者日益处于决定性和主动性的地位，而且使流通业由再生产过程终端的"中介"地位变为"先导"地位，这种先导性作用体现在引导生产、促进消费、产业关联中。黄国雄则根据衡量基础产业所具有的五个基本特点，即社会化、关联度、贡献率、就业比、不可替代性，认为流通业实质是一个基础性的产业，具体表现为对国民经济的增长产生基础性的贡献率，随着第三产业在国民经济中的比重越来越大，流通业的贡献率也随之增长。流通产业通过提高物流效率、节约成本对国民经济增长做出了巨大贡献。曹丽莉根据我国所处的工业化中后期的阶段特征，提出应进一步强化流通价值实现效应，加大流通价值增值效应，实现流通优化效应，从而满足大生产对流通的更高要求。任

保平通过对我国流通业发展存在的不足分析，指出为了发挥商贸流通业在后危机时代扩大总需求中的作用，我们必须加快流通体制的产业化步伐，发展与大生产相适应的大流通。建立通畅的网络化流通渠道是连接生产与流通的纽带。司增绰和苗建军使用投入产出模型对江苏、浙江、山东、广东商贸流通业进行投入产出分析，发现批发和零售业作为基础性产业和生产者服务业的特性比较明显，住宿和餐饮业作为生产性产业和拉动型产业的特性比较明显。作为商品销售的主要环节的流通业，从宏观上讲对整个社会的资源配置、结构调整都具有不可替代的重要作用。

三、流通业影响城市经济发展的视角

晏维龙、韩耀、杨益民采用杨小凯的新兴古典贸易理论框架说明了交易效率改进导致完全分工形成，促进了城市产生，而由于密度经济的存在所引起的流通效率提高能够带动城市化，使得城市化的发展进一步推动商品流通乃至整个经济的发展，因此实行"流通先导"战略将是推动城市化健康发展，从而带动经济增长的根本道路。

王德章、宋德军采用自回归分布滞后模型的方法建立误差修正模型定量分析流通业对城市经济发展的影响，研究表明，从长期看，流通业发展水平每增长1个百分点，可使城市的GDP、消费有较大幅度的增长，体现了流通业的先导地位。王春宇、仲深根据2000～2006年30个省会城市的面板数据进行协整检验，检验表明流通业是城市经济发展的长期原因，而误差修正模型估计结果显示当短期波动偏离长期均衡时，各地区将以不同的调整力度将非均衡状态拉回到均衡状态。王小平、董哲通过格兰杰因果关系检验发现，在中国改革开放的几十年中流通产业的发展加速了城市化进程。中国的城市化进程中人们必须高度重视流通产业的促进作用。

四、流通业影响生产率增长的视角

流通业对经济增长的影响不仅表现在其作为国民经济的基础性产业和先导产业对国内生产总值的贡献，还表现在提高经济增长质量方面。周昌林、文启湘通过对索洛经济增长解释框架进行扩展，得出新的经济增长函数，指出在要素增长率特别是技术进步存量增长率一定的情况下，只有加快流通速度，实现生产要素的优化组合才能提高要素使用效率，从而实现经济增长。赵凯、宋则在菲德模型的基础上，通过建立流通业对经济增长的影响力模型，发现流通业对经济增长的直接影响力低于其对经济增长的间接影响力。宋则、常东亮、丁

宁从流通业内在的竞争性机制促进制造业结构的调整角度分析制造业结构调整应从政府主导型向市场主导型转变,加快培育现代市场体系,强化商贸流通业的疏导、中介作用。

五、流通业对三次产业影响的视角

服务业还通过为工业品提供更加专业化的中间产品、充当工业转移剩余劳动力的渠道以及拓展销售市场使工业发展产生了显著的外溢效应,即充当着其他部门增长的过程产业角色,降低了经济运行的成本,促进了经济增长。石明明、张小军采用灰色关联方法,对流通产业与三次产业的关系进行了动态分析,结论表明,随着流通产业的进一步发展,其将逐步发展成国民经济的先导性产业。王俊根据2000年至2008年我国31个省际面板数据实证检验了流通业发展水平对制造业全要素生产率(TFP)的影响,结果发现流通对生产的反作用是确实存在的,流通业发展水平在一定程度上决定了制造业生产效率的高低。

第二章 流通业增长效率相关研究

作为全书的理论指导和逻辑起点，本章将系统回顾和梳理相关理论研究中国流通业增长的效率问题，以相关基础理论作为支撑。因此，结合本书的研究内容和研究视角，本章将详细阐述与本研究相关的经济增长理论、服务经济理论、流通经济理论的演进历程和主要进展，从而为中国流通业增长效率问题的研究提供一个基本的理论框架。

第一节 流通业增长效率分析的理论基础

一、经济增长理论

经济增长理论是经济学研究中古老而常青的课题，很多经济学的经典著作和文献均以此作为研究重点。在回顾经济增长理论之前，我们要先弄明白经济增长的概念。美国经济学家保罗·萨缪尔森在其著作《经济学》一书中指出："经济增长是指一个国家潜在的国民产量，或者说是潜在的实际GDP的扩展。我们可以把经济增长看作是生产可能性边缘随着时间向外推移。"此后，诺贝尔经济学奖获得者美国经济学家西蒙·库兹涅茨给出了较为完整的经济增长定义，他认为："一个国家的经济增长，可以定义为给居民提供种类日益增加的经济商品的能力的长期上升，这个增长的能力，基于改进技术，以及它要求的制度和意识形态的调整。我们把各国的经济增长看作是通常由人口的增加和广泛的结构变化所伴随着的人均产值的持续增加。"在基本了解经济增长的内涵之后，下面我们来具体回顾经济增长理论的发展。从发展历程看，迄今为止，经济增长理论先后经历了古典经济增长理论、新古典经济增长理论和新经济增长理论三个阶段。

（一）古典经济增长理论

古典经济学创始人亚当·斯密在其代表作《国民财富的性质和原因的研究》中最早开始了对经济增长问题的研究。斯密认为，国家所生产的商品总量是衡量国民财富的指标，劳动分工和资本积累是经济增长的源泉。在论述如何增加国民财富时，斯密指出财富的增长主要有两种途径：一是通过劳动分工提高生产率；二是增加生产性劳动的数量。通过分工可以获得更熟练的劳动技能、节约生产时间和促进机器的使用，因而使劳动生产率大幅提高。资本积累是决定财富生产最关键的因素，资本积累不仅促进劳动分工，提高生产率，而且推动了生产性劳动的增加。实际上，斯密的理论阐述了经济增长与劳动分工、技术进步和资本积累之间的内在联系，并且把资本积累视为引致劳动分工和技术进步的决定性因素。

在斯密之后，大卫·李嘉图在《政治经济学及赋税原理》一书中将经济增长问题的中心转向收入分配。李嘉图对经济增长过程的论证建立在一些重要假设条件的基础上，其中包括"边际报酬递减规律"和资本积累理论。根据"边际报酬递减规律"，若人们在给定的土地上追加投资，得到的回报会不断减少。李嘉图认为，经济增长的关键在于资本积累，其中利润是影响资本积累的关键因素，而利润又取决于工资和地租。根据"边际报酬递减规律"和实际工资决定机制，利润率在长期中将趋于下降，这会使资本积累失去动力，随着资本积累的停止，经济进入稳定状态并停止增长。李嘉图经济增长理论的重要贡献在于把收入分配和经济增长联系起来，强调了合理的收入分配对经济增长的决定性作用，为深入研究经济增长背后的制度和结构因素，提供了非常有价值的路径。

总体来看，古典经济学家给出了经济增长的一般性解释，并论述了经济增长的原因，强调了资本积累是决定经济增长的重要因素。但由于历史原因，古典经济学家并没有深入研究经济增长与其影响因素之间的数量关系，他们以静态的视角看待增长问题，且对增长问题的研究是不够系统的。

（二）新古典经济增长理论

20世纪20年代末的经济危机引发了人们对于经济增长问题的持续思考，其中凯恩斯的《就业、利息和货币通论》是这段时期最重要的理论成果。凯恩斯的宏观经济分析促使主流经济学重新注重对宏观经济总量和经济增长问题的研究，开创了宏观经济理论研究的新时代。一般认为，哈罗德—多马模型标志着现代经济增长理论的产生，索洛在此基础上做了进一步发展，建立了新古典经济增长理论的分析框架。

1. 哈罗德-多马模型

古典经济学家虽然对经济增长的原因做了深入的分析，但并没有给出他们关于经济增长的数学模型。1939年，英国经济学家哈罗德发表了《论动态理论》，首次提出了关于经济增长的模型。美国经济学家多马于1946年发表了《资本扩张、增长率和就业》，提出与哈罗德极为相似的经济增长模型。由于他们的理论基础均是凯恩斯的就业理论和国民收入决定理论，且得出的经济稳定增长条件也非常相似，因此被称为哈罗德-多马模型。该模型的假设条件是，①全社会只有一个经济部门，只生产一种产品，这种产品既可用作消费，也可用作投资；②生产过程中只使用劳动和资本两种要素，且两者不能相互替代；③生产规模报酬不变，即单位产品与生产规模的大小无关；④储蓄在国民收入中所占的份额不变；⑤劳动力按照一个固定不变的比率增长；⑥不考虑技术进步，也不考虑资本折旧问题。

哈罗德-多马模型还借助实际增长率、有保证的增长率和自然增长率分析了经济长期稳定增长的条件。实际增长率是实际发生的增长率，由实际储蓄率和实际资本产出比决定；有保证的增长率是指厂商满意且愿意维持的增长率，由合意储蓄率和合意资本产出比决定；自然增长率是指在劳动人口增长和技术改进的条件下所能达到的长期最大增长率，它是一种"社会最适宜的增长率"，由最适宜的储蓄率和合意资本产出比决定。根据该模型，实现经济长期稳定增长的条件是 $G_A=G_W=G_n$。其中，G_A 代表实际增长率；G_W 代表有保证的增长率；G_n 代表自然增长率。三者相等才能使经济长期稳定增长。

作为现代经济增长理论诞生的重要标志，哈罗德-多马模型以凯恩斯的国民收入决定理论为基础，致力于将凯恩斯的短期静态分析长期化和动态化。模型首次用数理方法建立规范模型对经济增长及其影响因素进行研究，具有开创性的意义。但是，哈罗德-多马模型也存在明显不足，主要表现在以下三个方面。

①实现充分就业均衡增长的可能性非常小，因为只有在经济活动按照均衡比率增长时，这种情况才可能实现，但由于储蓄率、实际资本产出比和劳动增长率分别是由各种不同的因素独立决定的，因此除非偶然的巧合，这种充分就业的均衡增长很难实现，只能是"刀刃上的均衡"。

②稳定性问题，即实际增长率一旦偏离了有保证的增长率，经济系统不但没有一种力量自我纠正，而且其效应是累积的，最终会偏离均衡状态越来越远。

③经济增长率与人口增长率的关系,由于假定劳动产出比不变,因此实际增长率不应该也不可能超过劳动增长率,如果人口负增长或零增长,则经济就不可能增长,其经济意义被很多经济学家称为"不愉快的结果"。

2. 新古典经济增长模型

1956年,美国经济学家罗伯特·索洛在《对经济增长的一个贡献》中指出,哈罗德模型的关键问题在于"生产是在不变的要素比例的前提下发生的"这一假定,因为该假定隐含着资本与劳动是不可替代的。基于这一假定,索洛运用新古典主义的生产理论和边际分析方法,建立了新古典经济增长模型。1957年索洛又发表了《技术变化与总量生产函数》一文,首次在生产函数中加入技术进步因素,将人均产出增长中由技术进步引起的部分和由人均资本存量变化引起的部分区分开来,这里的技术进步就是产出增长中不能由生产要素增加所解释的部分,即索洛余值。索洛经济增长模型的数学表达形式如下。

假设一个包含时间变量的总量生产函数为

$$Y=F(K, L, t) \quad (2\text{-}1)$$

式(2-1)中,Y为产出;K为资本;L为劳动;t为时间变量。

在哈罗德中性技术进步的假设下,式(2-1)可以写为

$$Y=A_t F(K, L) \quad (2\text{-}2)$$

式(2-2)中,A_t就是被肯德里克定义为TFP的技术进步因子。

新古典增长模型成功解决了哈罗德—多马模型中存在的均衡增长路径的稳定性问题,这是其重要的理论突破,但是模型的均衡增长率仍被人口增长率这一外生变量决定,并且长期增长率完全独立于储蓄率等经济变量,这个结论显然有悖于经济增长的经验事实。索洛等人在1957年又发展了一个包含技术进步的模型,为经济增长核算提供了一个有力的工具。这意味着新古典经济增长模型把技术进步这一决定经济长期增长的因素视为给定的外生变量,并把其看作是一个"黑箱"。对此,阿罗曾指出:"把一个非常重要的量完全归因于时间,在学术上是难以令人满意的。"实际上,技术进步具有收益递增效应,并能抵消物质要素的收益递减趋势,而索洛的新古典模型假定整个要素收益不变,这也与经济增长的现实不符。此外,从新古典增长模型中我们可以得出,在长期内人均收入增长率等于技术进步率,由于世界各国获得技术的机会均等,因此各国的人均收入增长率将趋于一致,这就是新古典增长理论中的趋同理论,该理论显然无法解释经济增长在各国间长期存在的差异。

（三）新经济增长理论

新古典经济增长理论虽然意识到了技术进步对经济增长的决定性影响，但是把技术进步看作外生变量，并未解释决定技术进步的经济因素。20世纪60年代，一些学者开始尝试将技术进步内生化。阿罗最早将技术进步作为经济增长的内在因素进行分析，提出了"干中学"模型，突破了新古典增长理论的研究框架。宇泽弘文通过构建一个包含人力资本的两部门模型，将索洛模型中的外生技术进步内生化。20世纪80年代中期，以保罗·罗默和罗伯特·卢卡斯为代表的学者的研究促进了新经济增长理论的形成。下面主要介绍新经济增长理论的两类基本模型。

1. 知识积累模型

知识积累模型以罗默模型为代表，与阿罗的模型一样，假定总体技术进步来自对实物资本的投资，用生产中的累计投资代表知识的积累，直接将技术进步内生化结合外部性、物质要素的收益递减和知识技术的收益递增三个因素，构建出一个独特的竞争性均衡增长模型。

假设有 N 个企业，知识存量是资本存量的增函数。对于单个企业，其生产函数形式为 $F(k_i, K, x_i)$，其中 k_i 是以资本存量为代表的知识投入，K 为总知识水平，则 $K=\sum_{i=1}^{N} k_i$，x_i 为其他生产要素投入向量。生产函数是连续可导的函数，其假设条件是，①对于给定的 K 值，F 是 k_i 和 x_i 的凹函数，这样必然存在竞争性均衡，此外假定 F 是 k_i 和 x_i 的一阶齐次函数；②给定 x，$F(K, Nk, x)$ 是 k 的凸函数，即知识的边际生产率递增。据此可以得到，生产的规模收益递增，即对于任何 $\psi>1$，有 $F(\psi k_i, \psi K, \psi x_i) > F(\psi k_i, K, \psi x_i) = \psi F(k_i, K, x_i)$。这样，对于整个经济而言 K 是可变的，从而具有规模收益递增的特性。

罗默以简单的柯布—道格拉斯生产函数为例，令效用函数为 $\ln c(t)$，则人均产出的生产函数为

$$f(L, K) = k^v \qquad (2-3)$$

求解上述效用最大化问题，得到如下均衡增长率

$$g = v \qquad (2-4)$$

由式（2-3）和式（2-4）可知，在规模收益递增的假定下投资收益率递增，所以投资速度越来越快，经济增长率也随之不断提高。这一均衡条件同人口或劳动力的自然增长率无关，因此被认为是一个完全内生化技术进步的增长模型。

2.人力资本溢出模型

卢卡斯在宇泽弘文的基础上,从人力资本角度研究了经济增长的内在机制,但放弃了后者的两部门(物质生产部门和生产人力资本的教育部门)结构增长模式,把生产过程和学习过程用一个统一的模型结合起来。假定每个生产者都用比例 u 的时间从事生产,如果该生产者从事生产和学习的时间为一单位,则每个生产者将用($1-u$)的比例从事人力资本建设。因此,技术进步方程可以表示为

$$h^{\cdot}(t)=h(t)[1-u(t)] \qquad (2\text{-}5)$$

式(2-5)中,$h^{\cdot}(t)$ 为人力资本变化率;$h(t)$ 为人力资本存量,为人力资本的产出弹性。式(2-5)表明,人力资本变化率取决于现有人力资本水平及从事人力资本建设的时间。相应地,生产函数可以表示为

$$Y(t)=K^{\beta}(t)[u(t)h(t)N(t)]^{(1-\beta)}h^{\gamma}(t) \qquad (2\text{-}6)$$

式(2-6)中,$Y(t)$ 为产出量,$K^{\beta}(t)$ 为资本投入量;$N(t)$ 为劳动力数量;$h^{\gamma}(t)$ 为人力资本的外部效应,$0<\beta<1$,γ 为正常数。这个模型的含义是,产出取决于物质资本、人力资本和知识的溢出效应,并把作为独立因素的人力资本内生化。在此基础上,得到模型的均衡增长率为

$$g=h^{\cdot}(t)/h(t) \qquad (2\text{-}7)$$

新经济增长理论将知识和人力资本引起的内生技术进步引入增长模型,提出了要素收益递增、知识外溢等新假定,对新古典增长理论进行了全面修正和发展。它突破了传统增长理论单纯论述资本和劳动的局限性,重视对技术进步、知识积累、人力资本等问题的研究,从全新视角论述了经济增长的根源,这些无疑是增长理论的重大创新。尽管新增长理论在传统增长理论基础上前进了一大步,但就其本身而言,仍存在以下问题。

①尽管新增长理论力图使其理论具有更加坚实的微观基础,然而其模型仍未脱离传统的一般均衡分析框架,因此这种进步是有限的。就连卢卡斯本人也指出,真正的发展理论必然以微观模型为基础。

②对知识和人力资本的过分强调,如卢卡斯模型为突出人力资本的积累及其作用,把物质资本抽象省略掉。

③把知识和人力资本作为独立要素,但在可加性和可测性上遇到了困难。无论是罗默的新思想、新知识的创造引起的技术进步,还是卢卡斯人力资本投资引起的技术进步,都有一个难以测度和加总的问题。

二、服务经济理论

关于第三产业的思想可以追溯到17世纪末威廉·配第的有关论述,然而他当时仅仅阐述了有关第三产业的一些思想。第三产业理论的真正产生和发展是从20世纪30年代开始的,1935年英国经济学家费希尔在《进步与安全的冲突》一书中根据产业发展顺序明确提出"第三产业"的概念,确立了国民经济的三次产业分类法。1940年,英国经济学家克拉克发表了《经济进步的条件》一书,继承并发展了配第的思想,并提出著名的克拉克定理。20世纪60年代以来,随着经济的发展和社会的进步,出现服务业比重日益增大的现象。对此,美国学者富克斯在其专著《服务经济学》中首次提出服务经济的概念,并认为美国在西方国家已率先进入服务经济。从费希尔第三产业概念的提出到克拉克定理的发现,再到富克斯服务经济概念的提出,西方服务经济理论的发展渐成体系。此后,服务经济理论随着实践的发展进一步深化。下面分别从服务业发展的阶段理论、服务业与就业关系理论、服务业与产业结构变动理论、服务业与经济增长关系理论四个方面阐述服务经济相关理论。

(一)服务业发展的阶段理论

非均衡经济发展的代表人物之一是罗斯托在1960年出版的《经济增长的阶段》一书中,将经济发展阶段划分为传统社会、起飞前准备阶段、起飞阶段、成熟阶段和大规模高额消费阶段五个阶段。在这几个阶段中,服务业的发展及其重要性逐步增强。在传统社会,生产力水平停留在很低状态,农业是主要的支柱产业,服务业还处于萌芽阶段。起飞前准备阶段是一个经济从传统社会向起飞阶段过渡的转型期,在这一阶段,占劳动人口大多数的农业劳动力向工业、交通、贸易和现代服务业转移,服务业的发展开始起步。到了起飞阶段,传统产业实现了工业化,经济开始步入稳定增长时期,新的价值结构已经建立并占据主导,生活的服务化被广泛接受,服务业的发展进入一个全新阶段。成熟阶段是一个依靠技术进步不断增长以达到高度繁荣的"纯技术阶段",在这个阶段,技术创新和进步使各行业加速发展,服务业的发展也因此进入飞速发展时期,成为国民经济的主导产业。在大规模高额消费阶段,人们基本的衣食住行需求已经完全得到满足,人口高度城市化,就业劳动力高度技术化。人们的需求已经从物质需求转向服务需求,社会全面进入服务型社会,国民经济的发展步入服务经济时代,服务业成为经济发展中的关键。

美国社会学家丹尼尔·贝尔在《后工业社会的来临》一书中明确提出了经济发展的三阶段理论,即前工业社会、工业社会和后工业社会,并分析了这三个阶段服务业的发展问题。前工业社会是典型的农业社会,生产率较低,社会生产主要以满足基本生活需要为主,相应的服务业主要是个人服务和家庭服务。工业社会是一个商品社会,在这一阶段,机械化生产和先进技术在社会生产中占据主导,所以此时的服务业主要是与商品相关的服务业(商业)。在后工业社会,生产和消费都不再以物质产品为主,而是以服务产品为主,相应的服务业主要包括知识型服务、休闲娱乐及公共服务等。按照贝尔的理论,以服务业为主体的后工业社会主要具有以下几个特征:①全社会大多数人口在第三产业就业;②知识、科学和技术在社会中占据首要地位;③专业和技术人员在社会中具有突出的重要作用;④价值体系和社会控制方式转变:从经济模式转变为社会模式。总体来看,服务业在经济发展的各阶段中,经历了从个人服务和家庭服务到商业服务再到知识型服务、休闲娱乐和公共服务的变迁过程。

(二)服务业与就业关系理论

最早对就业结构变动做出考察的是英国古典经济学家威廉·配第,在其1691年出版的著作《政治算术》中,配第阐述了有关第三产业的早期思想及有关三次产业的变动规律,其主要内容是揭示劳动力在产业间转移的动因、方向及后果。配第认为,制造业比农业创造的价值更多,而商业比制造业创造的价值更多。产业之间收入水平的差异,是促使劳动力在产业间转移的动因,转移的方向是从农业到手工业、制造业再到商业。随着劳动力在产业之间转移,劳动力就业层次提高,经济体的收益增多,消费水平也得以提高。配第还结合当时的实际情况指出,大部分人口都从事制造业和商业的国家,其人均收入要远远高于其他国家。配第所描述的不同产业间收入的相对差异及其推动的劳动力就业结构变化的规律,后来被称为"配第定律"。

1940年,英国经济学家克拉克出版了《经济进步的条件》一书,其在配第的研究成果上,计量和比较了不同收入水平下,劳动力在三次产业中分布结构的变动趋势,得出以下结论:随着时间的推移和社会经济的发展,从事农业的人数相对于从事制造业的人数趋于下降,进而从事制造业的人数相对于从事服务业的人数趋于下降,而劳动力在产业之间变化转移是由经济发展中各产业间的收入出现相对差异所造成的。由于克拉克的这一经济思想与配第的经济思想一脉相承,后来学术界把他们的发现称为配第—克拉克定理。其完整表述为,随着经济的发展和人均收入水平的提高,劳动力首先由第一产业向第二产业转移,以后随着人均收入水平的提高,劳动力又会向第三产业移动。对于劳动力在三大产业间分布的原因及其影响因素,克拉克认为有两点解释:一是需求因素，服务业所提供的产出，既面向消费者，也面向企业，因此具有很高的边际需求，其相对需求上升是必然的；二是效率因素，不同部门存在不同的生产效率，服务业中劳动力份额持续上升的原因在于服务部门的社会需求比其生产效率增长更快。

（三）服务业与产业结构变动理论

美国著名经济学家西蒙·库兹涅茨认为现代经济增长具有人均产值持续增长、人口加速增长、生产结构和社会结构巨大变化的特征。在结构变化方面，库兹涅茨特别强调了三点，分别是工业化过程、城市化过程和需求结构变化。在此基础上，库兹涅茨进一步指出，现代经济增长的实质是经济结构的全面变化过程，它并不仅仅是一场工业革命，还是一场农业革命和以交通通信革命为主要代表的服务业革命。在资源的流向上，现代经济增长的过程不仅是各种资源向工业部门流动的过程，更为重要的是，服务业在这一过程中所吸纳的劳动力日益增多。

库兹涅茨还在克拉克的研究基础上，扩大了样本范围，从国民收入和劳动力在产业间的分布两个方面，对产业结构演进规律做了进一步研究。克拉克主要研究了劳动力在三次产业间分布结构的演变，库兹涅茨则在此基础上，通过二十多个样本国家的数据，对国民收入和劳动力在产业间的分布结构进行了研究，得到了著名的库兹涅茨法则。库兹涅茨法则具体为，随着时间的推移，第一产业的国民收入比重和劳动力比重均出现不断下降趋势；而第二产业的国民收入相对比重基本是上升的，劳动力比重基本不变或略有上升，在工业和制造业内部一些与现代技术密切相关的新兴产业部门增长最快，而一些传统产业部门，则在产值结构比重和劳动力结构比重上均有下降的趋势；第三产业的劳动力比重呈上升趋势，国民收入相对比重基本不变或略有上升。在服务业内部，各产业部门的发展也是不同的，如教育、科研和政府行政部门在劳动力的占用上显示出其比重是上升的。

由此可以看出，随着经济的发展和工业化水平的提高，第二产业不太可能再大量吸收劳动力，而第三产业具有很强的吸纳劳动力的特征。

（四）服务业与经济增长关系理论

服务业与经济增长的关系是服务经济理论的核心问题。美国经济学家富克斯在其专著《服务经济学》中利用美国服务业的统计数据深入分析了服务业就业增长状况及其原因，各服务行业之间在生产率方面的差异，以及服务生产率、增长与工资之间的关系等。富克斯认为，服务业具有大量吸纳劳动力的潜力，随着经济的发展，服务业就业呈现快速增长趋势。服务业就业增长较快的原因在于：①服务需求的收入弹性较大，当经济发展到一定阶段后，它就进入一个快速发展期；②分工深化和生产专业化使得原来由企业内部提供的服务逐渐市场化，衍生出专门为企业（尤其是制造企业）提供服务的各类组织；③服务业人均产出的增长率低于其他产业尤其是制造业，说明了国民经济中服务业就业的日益重要。在上述三个原因中，人均产出增长较低是服务业就业增长的主要原因。就具体行业来看，通信和公共事业的生产率变化处于领先水平，政府机构的生产率增长最慢。服务业增长率和生产率变化之间呈正相关关系，但人均产值的变化同工资之间并不存在明显的正相关性。在服务业快速发展背景下，富克斯提出了服务经济，这表明服务业已经从依附第一、第二产业的状态，转向独立创造新的价值。

当然，服务经济现象也受到了部分质疑。鲍莫尔的两部门非均衡增长模型讨论了服务部门生产率增长滞后及其相关的宏观经济含义。在该模型中，鲍莫尔将整个经济划分为技术停滞部门和技术进步部门，前者主要指服务业部门，后者主要指制造业部门。其中技术进步部门的劳动生产率增长率为正，技术停滞部门的劳动生产率增长率为 0。该模型假定劳动是唯一的要素投入，不同部门的劳动收入即工资水平相同，其增长速度与技术进步部门劳动生产率的增长速度相同。于是，这两个部门的生产函数可以表示为

$$Y_{st}=aL_{st} \qquad (2\text{-}8)$$

$$Y_{pt}=bL_{pt}e^{rt} \qquad (2\text{-}9)$$

其中，Y_{st} 和 L_{st} 分别为停滞部门在 t 时刻的产出与劳动投入；Y_{pt} 和 L_{pt} 分别为进步部门 t 时刻的产出与劳动投入；a 和 b 为技术参数；r 为进步部门的劳动生产率增长率，根据假定，$r>0$，且工资 $W_t=We^{rt}$。

因此，技术停滞部门和技术进步部门单位产出的成本分别为

$$C_s=W_tL_{st}/Y_{st}=We^{rt}/a \qquad (2\text{-}10)$$

$$C_p=W_tL_{pt}/Y_{pt}=W/b \qquad (2\text{-}11)$$

假设两个部门产出的需求弹性相对价格来说是不变的，而价格又由成本决定，因此两个部门的相对成本将保持不变，设为 A，那么这两个部门的产出比率为

$$Y_s/Y_p=aL_{st}/bL_{pt}e^{rt}=aA/be^{rt} \qquad (2\text{-}12)$$

假设技术停滞部门的需求具有零价格弹性和充分的收入弹性，或者它能够得到足够的政府补贴，无论技术停滞部门的成本和价格如何变化，它相对于技术进步部门的产出始终保持不变，设为 K，再假定 $L=L_s+L_p$ 为全部劳动供给量，于是

$$L_s = Lke^{rt}/(1+Ke^{rt}) \quad (2\text{-}13)$$

$$L_p = L - L_s = L/(1+Ke^{rt}) \quad (2\text{-}14)$$

当保持技术停滞部门和技术进步部门的产出比重不变时，将整个经济的产出看作技术停滞部门和技术进步部门产出加权和，设为 I，则整个经济的产出增长率为

$$(dI/dt)/I = r/(1+Ke^{rt}) \quad (2\text{-}15)$$

根据式（2-10）至式（2-15）我们可以得出以下结论：①技术进步部门单位产出的成本不变，而技术停滞部门单位产出的成本将不断上升并且趋于无穷大；②如果对技术停滞部门的需求富有价格弹性，那么其产出将趋于零，即该部门会在经济体系中消失；③如果对技术停滞部门产出的需求缺乏价格弹性，随着时间的推移，劳动力将不断转移到该部门，而技术进步部门的劳动力比重将趋于零；④当技术进步部门和技术停滞部门的生产率存在显著差异时，如果要实现均衡增长，总体经济增长率将逐步趋于零。也就是说，在技术停滞部门的劳动生产率和整个劳动供给量不变的情况下，如果要保持两个部门实际产出比重不变，则会由于越来越多的劳动力转移到技术停滞部门，导致整个经济增长逐渐趋于停滞。鲍莫尔的两部门非均衡增长模型表明，在生产率增长内在不平衡的经济体系中，由于名义工资的同水平增长，技术停滞部门（服务部门）的成本将不可避免的累积性无限增长，其结果是如果该停滞部门的需求价格弹性较低，那么其产品及服务的价格将越来越高，即出现鲍莫尔所言的"成本病"现象。这一模型提出后争议一直不断，因为许多实证研究发现，某些服务行业（如通信业等）的生产率增速比大多制造部门生产率的增速还高。还有些批评者认为，鲍莫尔忽视了服务业内部组成部门的异质性，将所有服务部门统称为停滞部门过于武断。特别是 20 世纪 80 年代以来，以交通通信、金融保险信息服务、商务服务为代表的生产性服务业崛起后出现的整体经济增长率回升的现象，似乎也说明了鲍莫尔模型的结论值得商榷。

20 世纪 80 年代，一些学者指出任何产品的生产都会融入越来越多的服务作为中间投入要素，中间需求的扩大是服务业增长的主要动力。随着经济的发展，生产技术和生产组织方式发生重大变化，服务已经渗透到生产环节的每一个领域，这些服务包括：①直接作为工业企业的中间投入；②作为商品交换过程的一部分流通和金融服务；③与新生产结构相适应的人力资本形成所需的服务；④对整个生产体系进行空间上的协调和规制所需的服务。这说明经济发展对服务的需求不再是在商品生产体系外部实现，而是通过技术进步、制度变革等引起的对服务的中间需求展开。在现代工业生产中，制造和服务已经进入高

度相关和互补的阶段,由此生产性服务成为服务业中增长最快的组成部分。

三、流通经济理论

在整个经济学发展史中,唯一对流通问题做出全面系统分析的是马克思。与以往西方经济学家不同的是,马克思把流通提到了很高的地位,并将其作为《资本论》的主线之一。马克思的流通思想和理论成为我国流通经济发展的重要基础。20世纪90年代以来,随着我国市场经济体制改革的不断深入,相关学者对流通经济问题的研究经历了"流通先导论""流通基础论""流通战略论"的演变过程。目前学界对流通问题的研究在不断推进,研究的内容也在不断深化和拓展,而且已经把流通的地位和作用提升到了国民经济运行的高度,流通产业作为国民经济的先导产业和基础产业已经得到了普遍认同。尤其是随着服务经济的崛起,作为第三产业的重要组成部分,流通业的地位和作用不断提升,已经成为国家和地区经济发展水平和综合实力的体现,我国流通理论的发展也进入一个新阶段。下面分别从马克思的流通理论、流通先导论、流通基础论、流通战略论四个方面对流通理论进行梳理。

(一)马克思的流通理论

马克思经济学理论体系从总体上可概括为四大方面,即生产、交换、消费和分配,流通理论是马克思经济学交换理论的重要组成部分。在其历史性巨著《资本论》中,马克思把流通过程置于整个资本主义生产过程中加以研究,从流通概念、流通时间、流通费用、流通形式、流通过程等方面建立了系统且完整的流通理论,阐明了市场经济条件下流通的一般规律,明确了流通在社会再生产和经济运行中的作用。

马克思对流通问题的研究是从商品交换开始的。马克思指出,早期的商品交换是物物交换,随着货币的产生及进入交换过程的商品数量和种类的增多,商品交换由直接的物物交换转变为以货币为媒介的交换。马克思认为,商品流通是交换的总体。正如马克思所说:"每个商品的形态变化系列所形成的循环,同其他商品的循环不可分割地交错在一起。这全部过程就表现为商品流通。"他强调,商品流通是一系列永无止境的社会性交换过程,而非一种偶然的个别的交换行为。马克思还指出:"商品流通是资本的起点。商品生产和发达的商品流通,即贸易,是资本产生的历史前提。"从这个意义上看,商品流通不仅是资本主义生产方式的前提,也是商品生产的前提。没有发达的商品流通就不会有发达的商品生产,也就不会有发达的商品经济,流通是商品经济的特有范畴。总体来看,马克思是从三种意义上研究流通的,即商品流通、货币流通和资本流通,而商品流通是真正意义上的流通。流通并不是一开始就存在的,它的产生是与社会分工紧密联系在一起的,社会分工是商品交换、商品流通形成和发展的前提条件,只要有社会分工存在就会有商品交换,就会有商品流通。

在生产、分配、交换(流通)和消费四要素基础上,马克思把社会再生产分为互为媒介的生产过程和流通过程,生产过程是创造使用价值的劳动过程和价值形成过程的统一,而流通过程则是产品从生产到消费的移动过程和实现过程的统一,其中包括产品在空间和时间上的移动与个别劳动到社会劳动的转换。在对生产与流通关系的把握上,他认为,生产决定流通,"一定的生产决定一定的消费、分配、交换和这些不同要素相互间的一定关系",流通反过来影响和制约生产,"生产过程如果不能转入流通,那么生产就要陷入绝境"。生产对流通的决定作用主要表现在生产决定了流通的物质内容、生产方式决定流通的性质、生产的规模和结构决定和影响着流通的规模与结构。流通对生产的影响和制约作用主要表现为流通是商品生产得以存在和发展的前提条件、流通是生产社会化条件下商品生产运行的基础,并对社会扩大再生产的速度、比例、结构等均起着重要影响。因此,流通是社会再生产的重要组成部分,社会生产的发展要求流通的发展与之相适应。

(二)流通先导论

流通先导论由我国著名经济学家刘国光首先提出。他认为,随着我国买方市场的形成、消费者主导权的确立,消费对经济增长的作用将越来越大。流通作为连接生产和消费的中间环节,能够不断把消费者的即期需求、潜在需求转化为现实的消费行为。在这个转化过程中,流通业将从计划经济体制下的末端行业升级为市场经济体制下的先导行业。宋则认为,中国作为一个从计划体制向市场体制转型的国家,与成熟的市场经济国家的显著差异在于流通产业和市场体系等传导产业和机制的缺失。因此,在运用一般意义上的财政政策、货币政策和其他宏观政策化解经济难题的同时,人们更应强化流通产业的功能,并提出要把确立流通产业的先导地位作为流通创新的核心思路。

流通先导论认为,当买方市场逐渐形成,经济从资源约束型、供给约束型变为市场约束型和需求约束型的时候,流通产业在社会生产中的地位开始提高,从启动市场经济运行的起点,转化为周而复始的经济增长的新起点,流通产业因而从国民经济的末端产业上升为先导产业。流通产业的先导性主要表现在以下几个方面。

一是引导生产。企业生产什么，生产多少，如何生产及产品如何销售，完全由市场需求决定。

二是促进消费。人们通过流通启动市场、促进需求和扩大消费。

三是产业关联。通过流通的调节转换功能，改变商品的供给结构和需求结构可以促进产业结构调整和产业升级，促进生产和消费统一。

流通先导论强调，流通是反映一个国家经济发展和社会繁荣程度的窗口，是体现一个国家综合国力和人民生活水平的重要指标，是不断启动市场、促进需求和消费不断提升的助推器。在社会化大生产、大流通中，流通业会发挥更加明显的作用。

但也有学者指出，流通业要成为国民经济的先导性产业就必须建立在流通先导力不断提升的基础上。所谓流通先导力是指流通对经济社会发展的引导和推动能力，它可以通过流通对国民经济的贡献率、对就业的贡献率等指标来衡量，流通先导力是流通引导和推动经济社会发展能力的综合体现，包括流通的导向力、传导力和推动力。流通处于生产与消费的中间环节，这是流通业成为先导性产业的必要条件，但它并不是一开始就是先导性产业，只有经济发展到一定阶段，工业化程度、市场发育水平、产业结构水平、消费水平、城市化水平达到一定程度后，流通业在国民经济中的先导性作用才会越来越大。要使流通业成为先导性产业，人们可以选择资本推动型（投资力度）、制度推动型（体制改善）、政策推动型（政策引导）和市场推动型（市场完善）等经济推动型式。

（三）流通基础论

严格来说，对流通基础论的研究始于20世纪90年代。但早期的研究并没有明确流通产业是基础产业。2003年，黄国雄首次提出流通基础产业的概念。他认为，流通产业不仅在国民经济运行中起先导作用，而且是一个基础性产业，因为流通产业具有衡量基础产业所具有的基本特征，即社会性、贡献率、关联度、就业率和不可替代性。洪涛的《流通基础产业论》是我国第一部关于流通基础论的专著。书中提出，流通产业的基础性地位既表现为其市场经济效应，也表现为其广泛的社会效应，中国流通产业已成为基础产业，但其基础地位还不稳定。

流通基础论的核心观点是，流通产业实质是一个基础性产业。传统的基础产业主要指上游产业、基础环节和基础设施等，如农业、能源工业和基本原材料工业、水电气供应等公共设施。随着经济的发展和科技的进步，第三产业在国民经济中所占比重越来越大，产业结构也因此发生重大变化，因而基础产业的基本范畴、内容结构也相应发生了变化。在现代经济条件下，流通业已经成为国民经济的基础性产业之一。人类的商品社会最早有交换，然后才有流通，流通是交换的一定要素，或者说是总体上的交换。流通发展到一定程度出现商业，商业是从生产领域分离出来的、一个独立的行业部门，商业的形成过程就是从简单商品流通到发达商品流通的过程，发达商品流通的组织形态就是商业。商业作为一个行业，当其在国民经济中发展到一定程度时就成为流通产业。在现代市场经济条件下流通产业的先导性、基础性地位越来越重要，中国流通产业已经成为国民经济的基础产业，其已经具备基础产业的经济特征。

流通产业具有衡量基础产业所具有的五个基本特点：

第一，社会性。社会化流通业通过自身的商业活动在全社会范围内为人们的生产和生活提供各种商品和服务，既为生产企业提供原料设备和销售产品服务，也为广大消费者提供生活用品，是一项社会性的经济活动。

第二，关联度。流通是生产与生产、生产与消费的中介，是国民经济各部门的桥梁和纽带，是国民经济中关联度最高的产业之一。

第三，贡献率。随着第三产业在国民经济发展中的比重越来越大，流通业的贡献率也随之增长。

第四，就业比。网点多、分布广、准入度低等特点使得流通业在社会就业方面也发挥着基础性作用，随着城市化的发展，流通业将在更大程度上吸纳就业。

第五，不可替代性。流通业作为社会分工的产物，能够作为商品交换的媒介，提供商业服务，这是任何其他产业所无法取代的职能。

流通基础论的另一个重要观点是，流通产业是生产性产业。该理论认为，只要是能够创造价值的人类活动，无论是有形的还是无形的，物质的还是精神的，都属于生产性劳动。流通产业既提供有形商品，也提供无形服务，以多种形式满足社会生产和人民生活的多层次需要，所以也是生产性产业。从产业政策层面看，流通产业应予以优先安排、重点扶持、大力发展。

（四）流通战略论

2004年以来，随着中国流通业对外开放的推进，流通业的重新定位、流通业开放与国家经济安全问题受到人们更多关注，对此有学者提出流通战略产业论，其中较具代表性的学者是刘子峰、冉净斐和文启湘。刘子峰从产业关联度、国家经济安全、经济增长贡献率、就业贡献率等指标分析，提出我国流通产业不仅是先导产业和基础产业，更应当提升为经济发展的战略性产业的观点。冉净斐和文启湘从流通竞争力和国家竞争力的关系、流通产业安全等角度论证了流通产业作为战略产业的理论依据,并从产业政策视角提出大力发展流通战略产业的措施。

流通战略论认为,流通产业应该定位于国家的战略产业,要从战略产业的高度认识流通对于经济发展和经济安全的重要性。流通产业之所以能成为战略性产业,是由市场经济发展的客观规律,以及我国经济发展的特定阶段决定的。在不同的经济发展阶段,生产与流通的地位也在不断发生变化。工业化起步阶段,科技革命的推动使得生产能力极大提高,社会产品从相对短缺变得逐渐丰富,这时生产对消费、流通乃至经济发展和社会进步起着决定性作用。工业化进入扩张阶段,产品的大规模标准化生产成为可能,商品供给充足,居民消费结构也逐渐向多样化和个性化方向发展,生产和消费总量与结构的非均衡使得社会产品的供给大于需求,买方市场已经形成并成为一种常态。此时,流通业对生产和经济社会发展的导向作用凸显出来。经济全球化、市场化和工业化日益成熟,社会生产的巨大发展彻底改变了短缺经济,但产业结构失衡、供求关系失调、经济波动频繁等问题成为经济社会发展的深层次障碍。在这种环境下,流通业作为战略产业是解决这些问题的必然。

流通产业具有战略产业的特征主要表现在以下方面。

第一,产业关联度。商品是市场经济的基础元素,媒介商品流通是流通产业最基本的职能,市场经济条件下任何一个产业、经济部门及微观经济主体的存续和发展都不可能离开流通,因而流通业具有最高的产业关联度。

第二,国家经济安全。现代流通业的经营方式正在经历着一场大变革,现代流通企业凭借强大的渠道整合能力和资源控制能力,使得现代流通业有能力通过渠道垄断实现对上游生产部门的控制。因此,在对外开放背景下,我国流通业的发展对国家经济安全有着重大影响。

第三,经济增长贡献力。流通业财富增长将成为经济增长的主要动力,并且通过提高物流效率、节约物流成本对国民经济增长产生巨大贡献。

第四,扩大内需和增加就业。发达的流通业具有引导需求、发现需求和创造需求的功能,并且现代流通业在技术及经营管理方面也具有促进消费、扩大内需的条件。而流通业技术相对简单,工作时间、地点相对灵活等特点,决定了该产业具有很强的就业吸纳能力。

经济增长理论经历了古典经济增长理论、新古典经济增长理论再到新经济增长理论的发展历程。早期的古典增长理论尽管对经济增长的源泉进行了很多有益的探索,但由于历史原因,并没有形成一个完整的分析框架。哈罗德-

多马模型的提出标志着现代经济增长理论的形成，该模型首次用数理方法建立规范模型对经济增长问题进行研究，具有开创性意义，但由于其假设条件的局限性，使得其结论与现实有一定的差距。新古典增长理论中，技术进步首次被纳入增长模型，在较为完整地描述和解释经济增长动因的同时，也使得人们对于经济增长因素的理解进入一个新境界，但是并没有对技术进步做出比较令人满意的解释。新经济增长理论通过引入知识和人力资本，实现了技术进步的内生化，它突破了传统增长理论单纯论述资本和劳动的局限性，强调知识外溢，专业化的人力资本、劳动分工、研究和开发，直至将政府作用内生化，从全新视角论述了经济增长的根源，实现了增长理论的重大创新，从早期缺乏统一的研究框架到新古典增长理论将现实的增长问题模型化再到新经济增长理论的深化，使得人们对经济增长问题的研究不断深入。

服务经济理论主要由服务业发展的阶段理论、服务业与就业关系理论、服务业与产业结构变动理论、服务业与经济增长关系理论组成。服务业的发展与经济发展阶段相联系，罗斯托的经济增长的阶段理论和贝尔的经济发展的三阶段理论强调了服务业在经济社会发展后期的重要地位和作用，当工业化进入中后期时，服务业将成为经济社会发展的主导。配第—克拉克定理揭示了服务业与就业结构变动的关系，随着经济的发展和人均收入水平的提高，劳动力将不断地从第一产业向第二产业再向第三产业转移。库兹涅茨对伴随经济发展的产业结构演进规律进行了研究，从就业结构和产值结构两个方面说明了服务业在经济发展中的作用，表明服务业具有很强的吸纳劳动力的特征。服务业与经济增长的关系理论是服务经济理论的核心问题，富克斯从服务业就业增长状况、服务行业生产率差异、服务生产率与增长及工资的关系等方面研究了服务经济的增长对整个社会和经济的影响，而鲍莫尔的两部门非均衡增长模型则讨论了服务部门生产率增长滞后及其相关的宏观经济含义，由此逐渐形成了比较系统的服务经济分析框架。

流通经济理论以马克思的流通理论为立论依据，此后对流通理论的研究经历了流通先导论、流通基础论、流通战略论的演变过程。首先对流通做出科学评价的是马克思，马克思用抽象的历史方法考察了商品生产和商品交换的历史，分析了商品流通的产生原因，以及市场经济条件下流通的一般规律。马克思关于流通理论的论述对当代流通理论有很大启示，它是我国流通经济理论形成和发展的重要理论基础。在流通先导论中，当买方市场逐渐形成，经济从资源约束型、供给约束型变为市场约束型和需求约束型的时候，流通产业在社会生产中的地位开始提高，成为启动市场经济并使之周而复始运行的起点，因而从国民经济的末端行业上升为先导行业。流通基础论认为流通产业不仅在国民经济运行中起先导作用,而且是一个基础性产业,具有基础产业的全部特征,由此得出流通产业已经成为国民经济基础产业的重要结论。流通战略论认为流通产业不仅是先导产业、基础产业,更应当作为战略产业,人们要从战略产业的高度认识流通对于经济发展和国家经济安全的重要性,从而把流通产业提升到战略性高度。

第二节　流通业效率与生产率的分析方法

效率与生产率分析是现代经济学的重要研究领域,其研究的是投入转化为产出的绩效测度。经济学角度的效率主要是指在社会经济活动过程中,现有生产要素与它们所提供的效用之间的对比关系,即投入与产出或成本与收益之间的对比关系,是衡量经济活动的重要指标之一。从本质上讲,效率是资源的有效配置能力、市场竞争能力、投入产出能力和可持续发展能力的总称。生产率也是一种效率指标,指的是生产过程中投入要素转变为实际产出的效率,反映生产要素的配置状况、生产管理水平、劳动者素质,以及各种经济制度和社会因素对生产活动的影响程度,是技术进步对经济发展作用的综合体现。为了更好地研究中国流通业增长的效率特征和变动情况,有必要对效率与生产率的基本概念和方法进行一个较为全面的阐述。本节将首先引入效率与生产率相关概念,在此基础上详细介绍效率与生产率的分析方法,最后对相关分析方法进行比较。

一、效率与生产率相关概念

在效率与生产率分析领域,有一些比较重要的概念。这些概念的重要性主要体现在实际分析中人们对相关研究方法的理解上。下面对本书中涉及的一些重要概念进行阐述,以便为后续研究提供支撑。

(一)技术效率与配置效率

现代效率理论的开创者法雷尔提出了经济效率的概念,并将其分解为两个部分:技术效率(TE)和配置效率(AE)。其中,技术效率反映企业在既定的技术水平和投入水平下获得最大产出的能力;配置效率反映企业在既定的投入品相对价格和生产技术下以最优比例利用投入的能力。技术效率与配置效率的乘积构成了总的经济效率(EE)。

1. 技术效率

经济学生产理论中经常采用生产可能集和生产前沿面描述企业的技术状况。生产可能集是在既定的技术水平下所有可行的投入产出组合的集合。生产前沿面则是在既定技术水平下有效率的投入产出组合的集合，即投入一定情况下的产出最大值或产出一定情况下的投入最小值的集合。技术有效性的研究始于库普曼，他分别从产出和投入两个角度给出了技术有效的定义：如果在不增加其他投入（或不减少其他产出）的情况下，技术上不可能增加任何产出（或减少任何投入），则该投入产出关系在技术上是有效的，而所有技术有效生产点所组成的集合就构成了生产前沿面。法雷尔从投入角度定义了技术效率：技术效率是指在产出规模和市场价格不变的条件下，按照既定的要素投入比例生产一定产量所需要的最小成本与实际成本的比率。莱本斯坦则从产出角度给出了技术效率的定义：技术效率是指实际产出水平与在相同的投入规模、投入比例和市场价格条件下所能达到的最大产出量的比率。

上述定义的实质是一致的，从产出角度看，技术效率是指在相同投入下生产单元实际产出与理想产出（最大可能性产出）的比率；从投入角度看，技术效率是指在相同产出下理想投入（最小可能性投入）与实际投入的比率，即技术效率是生产实际值与最优值（最大产出或最小成本）的比较，它是用来衡量生产单元以生产前沿面为参照能够获得最大产出（或最小投入成本）的能力，表示生产单元的实际生产活动接近生产前沿面的程度，反映了该生产单元在既定技术条件下的相关效率状况。一般来说，在实际经济活动中，绝大多数生产点往往由于各种非效率因素的作用，而无法在生产前沿面上生产，因此技术效率的取值一般在 0 到 1 之间，数值越大，表示技术效率水平越高。技术效率这一概念的提出，使得我们能够从技术的角度分析生产上的非效率。自从法雷尔提出技术效率的原始模型以来，其就一直处于不断完善和发展的过程之中，是整个生产理论研究的热点和重点。

2. 技术效率和配置效率

为了更好地理解技术效率和配置效率的内涵，我们假定生产单元使用两种投入要素（X_1，X_2）生产一种产出 Y，SS' 表示完全效率企业的等产量曲线，该曲线相对应的函数 $Y=f(X_1, X_2)$ 即为前沿生产函数。AA' 是等成本曲线，在要素价格比已知的情况下，AA' 的斜率可以确定。P、Q、Q' 分别为不同生产单元的样本点，P 代表非经济有效单元，Q 代表技术有效单元，Q' 代表经济有效单元。这样，人们就可以利用由有效生产单元组成的等产量曲线 SS' 来度量各单元的技术效率。生产单元的技术无效率可用距离 QP 来表示，它是在产出不减少时所有投入按比例可能减少的量，这通常由 QP/OP 表示的比率来表示，以表明该单元要达到技术上有效率的生产可减少所有投入量的比率。技术效率（TE）常用比率 OQ/OP 来表示，如式（2-16）所示。

$$TE=OQ/OP=1-QP/OP \quad (2\text{-}16)$$

其取值范围为 0～1，它提供了生产单元技术效率程度的指标。取值为 1 意味着生产单元是完全技术有效的。

距离 RQ 代表生产从技术有效但配置无效点移动到技术和配置均有效点 Q' 时所能减少的成本，所以 P 点的配置效率（AE）等于 OR/OQ，如式（2-17）所示。

$$AE=OR/OQ \quad (2\text{-}17)$$

总的经济效率（EE）可以用 OR/OP 表示，距离 RP 代表该生产单元达到经济有效（技术有效和配置有效）时可节省的投入成本。根据上述公式可得

$$EE=OR/OP=(OQ/OP)\cdot(OR/OQ)=TE\cdot AE \quad (2\text{-}18)$$

需要注意的是，技术效率、配置效率和经济效率的值都在 0～1 之间。

投入导向的技术效率和配置效率，如图 2-1 所示。

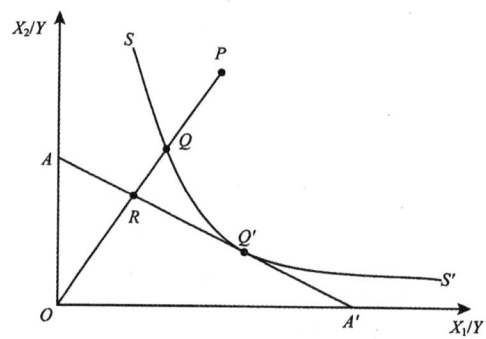

图 2-1　投入导向的技术效率和配置效率

投入导向的效率测量解释了在规模报酬不变、价格确定且技术水平一定的情况下，一个生产单元可以按比例减少多少投入量并仍能保持原有产出量。如果换一种角度看，一个生产单元在投入量一定的情况下，可以增加多少产出量？这就是与上面讨论的投入导向相反的产出导向问题，如图 2-2 所示。

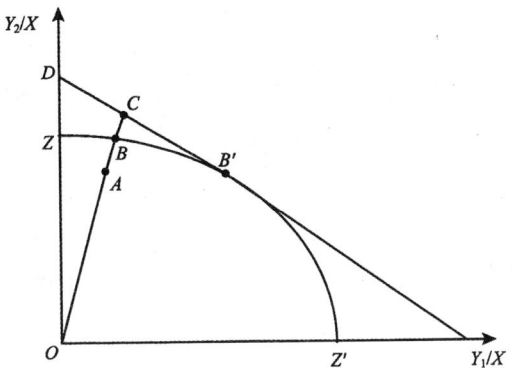

图 2-2 产出导向的技术效率和配置效率

假设生产单元使用一种投入要素 X，生产两种产出（Y_1，Y_2），ZZ' 是生产可能性曲线，即产出的前沿面。DD' 为等收入曲线，在价格信息已知的情况下，其斜率是确定的。A 为无效率生产单元，距离 AB 代表技术无效，它表示不需要额外的投入所能增加的产出量。因此，产出导向的技术效率可用 OA/OB 的比率来表示，如式（2-19）所示。

$$TE=OA/OB=1-AB/OB \quad (2\text{-}19)$$

配置效率可以表示为式（2-20）。

$$AE=OB/OC \quad (2\text{-}20)$$

这可以解释为生产从技术有效但配置无效点 B 移动到技术和配置均有效点 B' 时，收入的增加。全部经济效率为这两个效率测量值的乘积，如式（2-21）所示。

$$EE=OA/OC=(OA/OB) \cdot (OB/OC)=TE \cdot AE \quad (2\text{-}21)$$

同样，这里的技术效率、配置效率和经济效率的取值范围为 0～1。

（二）单要素生产率与全要素生产率

一般意义上的生产率是指要素资源的开发利用效率，即生产过程中投入要素转变为实际产出的效率。生产率也是一种效率指数，即劳动、资本等生产要素及中间投入所产产量的效率指数，反映的是生产资料提供产出的能力。它是衡量一个国家或地区经济发展水平和综合竞争能力的重要指标。生产过程中涉及的生产要素包括劳动力、资本、土地、原材料等多种要素，根据投入要素的范围和数量划分，生产率可以分为单要素生产率和全要素生产率。

1. 单要素生产率

早期的生产率概念主要是指单要素生产率。单要素生产率（SFP）将产出量与某一单个投入要素如劳动力投入、资本投入等的数量联系起来，反映每单位某种投入要素（劳动力、资本等）所能带来的产出，研究的是不能由单个要素的投入增长解释的产出增长。根据研究目的和研究重点的不同，人们可以测算一个生产单元的劳动生产率、资本生产率等不同的单要素生产率。由于单要素生产率衡量的是单个要素的单位产出能力，有助于评估要素的使用效率及其动态变化，并且这一指标在处理上也比较容易，因此在早期的研究中被广泛使用。

但是，由于单要素生产率反映的信息有限，因此在实际应用中也面临很多局限。克雷格和哈里斯认为，单要素生产率在特定情况下是有用的，但其缺点是投入要素之间的相互替代可能会影响生产率的测算和评价。事实上，生产过程往往是多种生产要素共同投入的过程，各种要素之间有着相互替代的关系，而单要素生产率只能衡量一段时间内某一特定要素的使用效率，并不能反映整体生产率的变化。例如，当用资本替代劳动并且产出相同时，劳动生产率就会因为劳动投入减少而提高，而资本生产率就会由于资本投入增加而降低。由单要素生产率反映的效率水平实际上是一种混合效应，其中既包含效率水平的变化，也包含投入比例的变化。因此，如果孤立地考察这种部分生产率就可能会对总生产率指标产生误导。

2. 全要素生产率

相对于劳动生产率、资本生产率等单要素生产率，全要素生产率（TFP）更能从整体上反映真实的生产率状况。戴维斯首次明确提出全要素生产率的内涵，指出全要素生产率应针对全部投入要素测算，包括劳动资本、原材料和能源等，而不是只涉及部分要素，全要素生产率是全部产出与全部投入总和的比率。与单要素生产率相比，全要素生产率衡量的是生产单元在其生产过程中单位总投入的总产量的生产率指标，即总产量与全部要素投入量之比，反映产出量与全部投入要素之间的效率关系，其研究的是不能由全部要素投入增长解释的产出增长。产出增长率超过要素投入增长率的部分就是全要素生产率增长率，这其中因为索洛的开创性贡献，其又有"索洛余值"或"索洛残差"之称。因此，TFP 描述了产出增长中扣除要素投入总和增长之后的"剩余"部分，在索洛的分析框架中被视为技术进步，但它实际上还包括了效率的改善、要素质量的提高、专业化、组织创新和规模经济等许多内容，经常被用来度量要素投入变化以外的其他因素对产出增长的影响作用。

从本质上看，全要素生产率反映了投入产出过程中生产单元将投入转化为产出的效率，集中体现了其技术创新能力、资源利用效率、成本控制能力以及竞争力等多方面特征，而诸如技术进步、效率改善、人力资本、制度变迁、研究与开发（R&D）以及规模经济等因素对于产出增长的影响最终都将综合反映在全要素生产率的变化上。因此，TFP体现的是生产单元在其投入产出过程中投入要素数量变化以外各种因素变化的综合影响效应。也正因为如此，全要素生产率在实际问题中得以广泛应用，人们在这方面的实证与经验研究取得了大量丰富的成果，与此同时，对TFP的分解也取得重大进展。从近代效率测算理论出发，西水美惠子和佩奇、克里拉杰恩等对索洛的分析框架进行了发展，将技术效率作为一个影响因素加入模型中，从而将全要素生产率分解为技术水平的进步和技术效率的提高，其分析框架如图2-3所示。

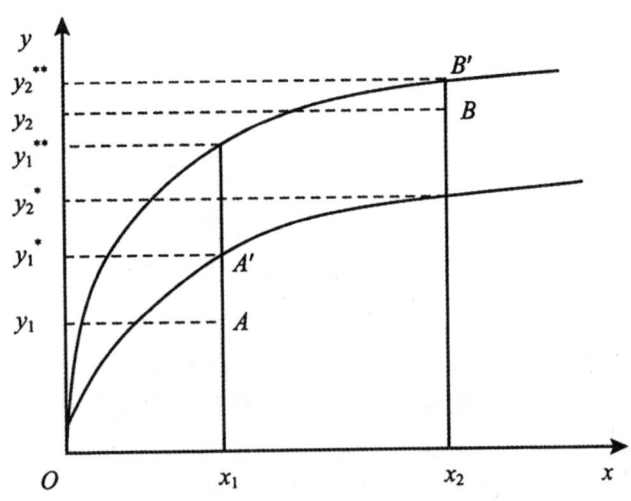

图2-3 全要素生产率增长分解示意

在图2-3中，x_1和x_2分别表示相应时期的要素投入，y_1和y_2分别表示相应时期的实际产出，y_1^*和y_2^{**}分别表示两个时期的最优产出（潜在产出）。这样，技术效率可以用两个时期的实际产出与潜在产出之间的垂直距离来衡量，分别记为TE_1和TE_2。因此，两个时期的技术效率变化可以表示为（TE_1-TE_2）。技术进步可以用两个时期生产前沿面之间的垂直距离来表示，相应两个时期的技术进步变化可以分别用（y_1^{**}-y_1^*）和（y_2^{**}-y_2^*）来表示。将两个时期由于要素投入变动所引起的产出变动部分表示为Δy，那么总产出的变动可以分解为：要素投入变动技术进步和技术效率变动三个方面，即

$$y_2-y_1 = (y_1^* - y_1) + (y_1^{**} - y_1^*) + (y_2 - y_1^{**})$$
$$= \{(y_1^* - y_1) - (y_2^{**} - y_2)\} + (y_1^{**} - y_1^*) + (y_2^{**} - y_1^{**}) \quad (2\text{-}22)$$
$$= (TE_1 - TE_2) + TP + \Delta y_x$$

式（2-22）中，(y_2-y_1) 为实际产出的增长，(TE_1-TE_2)、TP、Δy_x 分别为技术效率的变化、技术进步及要素投入变动的贡献。图2-3实际上就是根据索洛对经济增长的分析框架将实际产出增长分解为，①沿着生产前沿面的移动（要素变动）；②向生产前沿面的逼近（技术效率变动）；③生产前沿面本身的移动（技术进步）三个部分，而②和③的作用就构成了全要素生产率的增长。就全要素生产率的组成成分技术效率和技术进步而言，它们对于长期经济增长的含义也有着较大差异。技术效率对应着"水平效应"，技术进步则产生"增长效应"，前者会随着时间流逝而消失，而后者不仅可以不断维持下去甚至还可能扩大。

二、效率与生产率的分析方法

基本了解效率与生产率有关的概念后，下面我们就具体讨论效率与生产率的分析方法。从前文的分析可以发现，在现代西方效率理论中，度量技术效率、配置效率、生产率的关键在于生产前沿面的确定。自1957年法雷尔提出技术效率这一概念后，许多学者开始投身于确定前沿面的研究，至今主要形成两大分支，即参数方法和非参数方法。参数方法主要沿袭传统生产函数（增长核算法或索洛余值法）的估计思想，首先需要确定一种具体的生产函数形式，然后利用现代计量经济学方法估计出前沿生产函数中的未知参数，从而完成前沿生产函数的构造。非参数方法则利用纯数学的线性规划技术和对偶原理确定生产前沿面，并完成对效率的测度。这两类方法统称为前沿分析方法（或生产前沿面方法）。其中，参数方法以随机前沿模型（SFA）为代表，非参数方法则以数据包络分析（DEA）为代表。下面分别对SFA和DEA这两种效率分析方法予以介绍。

（一）随机前沿模型

随机前沿模型（SFA）也被称为随机前沿方法，是前沿分析中参数方法的典型代表，需要确定生产前沿的具体形式。与非参数方法相比，它的最大优点是考虑了随机因素对于产出的影响。艾格纳、洛尔夫和施密特，穆森和布勒克，巴蒂斯和科拉于1977年各自独立提出了SFA模型。皮特和李，库布哈卡尔，巴蒂斯和科埃利进一步将该模型推广为面板数据模型，巴蒂斯和科埃利又发展了 SFA 模型，使其不仅可以估计出决策单元的技术效率，而且可以分析影响效率的因素。

1. 早期模型

随机前沿模型是由艾格纳、洛尔夫和施密特，穆森和布勒克，巴蒂斯和科拉分别独立提出的。在他们的模型中，误差项分为随机误差项和技术无效率项两个部分。其基本模型如下

$$y_i = f(x_i, \beta) \exp(v_i - u_i) \quad (i=1, 2, \cdots, N) \quad (2\text{-}23)$$

式（2-23）中，y_i 是第 i 家企业的产出水平；x_i 是第 i 家企业的投入向量；β 是待估参数向量；误差项（$v_i - u_i$）为复合结构，其中 v_i 表示在任何统计关系中均存在的统计误差，称为随机误差项，其服从正态分布 $N(0, \sigma_v^2)$，并且独立于 u_i；u_i 是一个非负的误差项，用来表示技术无效。

从实际生产过程看，企业的生产效率除了受自身条件的限制以外，主要受到两方面因素的影响：一方面是随机因素的影响，体现在随机误差项 v 上，它是外部有利和不利因素相互作用产生的结果，比如天气气候、环境、自然灾害、政策变动、统计误差等；另一方面的影响则来源于企业自身技术水平的发挥，体现为技术无效率项 u，它源自企业的控制因素，如技术和经济无效率、生产者的努力程度等。由于受这些因素的影响，大部分企业会在前沿生产函数以下进行生产，技术效率 TE 定义为实际产出与可能实现的最大随机前沿产出之比，如式（2-24）所示。

$$TE_i = y_i / f(x_i, \beta) \exp(v_i) = \exp(-u_i) \quad (2\text{-}24)$$

艾格纳、洛尔夫和施密特假设 u 服从半正态分布或指数分布，穆森和布勒克假设其服从指数分布，巴蒂斯和科拉假设其服从半正态分布。由极大似然法估计出 β、σ_v^2、σ_u^2 后，可以计算出样本的平均效率 $E(-u) = E(v-u) = -\sqrt{\dfrac{2}{\pi}} \sigma_u$（$u$ 服从半正态分布）和 $E(-u) = E(v-u) = -\sigma_u$（$u$ 服从指数分布），但不能计算出每个样本点的效率。为了计算每个样本点的效率，乔德罗等人把技术无效率项从残差中分离出来，利用条件分布估计出每个样本点的技术效率。这种方法被称为 JLMS 方法，利用该方法，他们把技术效率定义为 $TE_i = \exp[-E(u_i | \varepsilon_i)]$，分别从半正态分布和指数分布两种形式推导出 $E(u_i | \varepsilon_i)$ 的表达式，从而得出技术效率的值，这是在方法上的重大突破。

此后，随着生产前沿面理论的不断丰富，随机前沿模型得到了进一步的改进与完善。集中体现在以下几个方面：一是对模型中无效率项的分布假设，如

截断正态分布、指数分布和伽马分布等;二是应用在面板数据及考虑技术效率随时间变动情况下的函数设定;三是利润函数随机前沿模型、成本函数随机前沿模型的引入及其发展与完善等。

2. 皮特和李模型

上述模型的产出、投入及效率等与时间是无关的,是截面数据随机前沿模型。皮特和李,以及施密特和希克尔斯曾分别指出,当研究样本是截面数据时,用极大似然估计法进行参数估计会由于忽略时间因素的影响导致技术效率估计结果准确度下降。施密特和希克尔斯总结了采用截面数据所面临的三个困难:①虽然对于某些特殊分布假定,技术效率可以被有效估计和分解出来,但这些假定往往缺乏依据并且可能不具有良好的稳健性;②假定无效率项与前沿生产函数中的解释变量相互独立,而实际上技术效率与投入要素等其他回归变量可能是相关的,这将给估计带来困难;③在采用某些方法对截面数据进行处理时,得到的技术效率的估计结果可能并不是它的一致估计。

相比单纯的截面数据,面板数据更接近现实的生产活动,并且能够提供更多信息,从而能够有效地解决上述问题。皮特和李首先提出了应用极大似然估计法研究面板数据随机前沿生产函数的分析框架,其基本模型如下

$$\ln Y_{it}=\beta X_{it}+V_{it}-U_{it} \quad (i=1,2,\cdots,N)(t=1,2,\cdots,T) \quad (2-25)$$

式(2-25)中,$\ln Y_{it}$ 表示第 i 家企业 t 时期产出量的对数;X_{it} 表示第 i 家企业 t 时期的投入向量;β 是待估参数向量;V_{it} 为随机误差项,服从正态分布 $N(0, \sigma_v^2)$,且独立于 U_{it};U_{it} 为技术无效率项。巴蒂斯和科埃利在此基础上,假定 U_{it} 服从广义截断正态分布。此后,巴蒂斯等人又将模型适用范围扩展至非平衡面板数据,库布哈卡尔及巴蒂斯和科埃利则通过放松无效率项 U_{it} 的时间约束,将研究范围进一步扩展至时变模型。

3. 巴蒂斯和科埃利模型

巴蒂斯和科埃利提出一个面板数据随机前沿生产函数模型,假设其中的非效率因素服从截断正态分布,并允许非效率估计值随时间变化。模型表示如下

$$Y_{it}=\beta X_{it}+(V_{it}-U_{it}) \quad (i=1,2,\cdots,N)(t=1,2,\cdots,T) \quad (2-26)$$

式(2-26)中,$U_{it}=U_i\exp[-\eta(t-T)]$,$U_i$ 是非负的随机变量,用来衡量生产过程中技术无效率对产出的影响,其服从零点截断的正态分布 $N(\mu, \sigma_u^2)$。用 $\sigma^2=\sigma_v^2+\sigma_u^2$ 和 $\gamma=\sigma_u^2/(\sigma_v^2+\sigma_u^2)$ 代替 σ_v^2 和 σ_u^2,通过极大似然估计法可以估计出这两个值。显然,参数 γ 必然在 $0\sim 1$ 之间,它表示回归方程误差项中技术无效所占的比例。$\gamma=1$ 表示误差项全部源自无效率因素 U_{it},$\gamma=0$ 表示方

程的误差项全部来源于随机因素 V_{it}。η 为待估参数，反映效率随时间变化的程度。$\eta=0$ 说明技术效率具有时间不变性；$\eta>0$ 说明效率随时间的增加而增加；$\eta<0$ 说明效率随时间的增加而减少。

与截面数据模型相比，面板数据模型所特有的优势主要体现在：面板数据极大地增加了参数估计的自由度，从而允许对观测误差和技术效率的分布做出更为一般的假定；在截面数据模型中需要假定无效率项 U_i 与投入要素 X_i 相互独立，但实际生产过程中二者之间可能存在一定的联系，而面板数据模型则无须这样的假设；更为重要的是，在使用极大似然法对参数进行估计时，不同的分布假设可能造成技术效率的估计值不一致，而在面板数据模型中当 $T\to\infty$ 时，对技术效率的估计将是一致的。此外，巴蒂斯和科埃利的研究结果表明，面板数据下的极大似然估计中，函数形式的选择、预测误差和技术效率的分布假设稳健与否，以及技术效率是否随时间变化等，都可以通过似然比检验进行甄别比较。综合来看，采用面板数据模型进行效率测算，能够得到更好的估计结果。

在随机前沿模型中，分析技术效率的变化及其影响因素是非常重要的方面，早期的研究主要采用两步估计法，即首先基于随机前沿生产函数模型估计出企业的技术效率，再用技术效率的估计值使外生性因素回归，以此度量外生性因素对技术效率的影响。但正如有些学者所指出的，第二阶段中用来解释技术效率的变量在第一阶段估计时往往被假定为与技术效率无关，因而这种对技术效率的两阶段分析法本身就存在内在假设的矛盾冲突。为解决这一问题，巴蒂斯和科埃利同时引入了时间因素和其他环境变量，通过一次回归直接得到生产函数和技术效率影响因素的参数估计结果，全面克服了两步估计法的理论矛盾。目前，这种方法在实证研究中已经得到了广泛应用。

（二）数据包络分析

数据包络分析（DEA）通过线性规划的方法来度量效率，它是一种典型的非参数方法，不需要已知生产前沿的具体形式，只需投入产出数据。DEA 能够方便地处理决策单元多产出的情况。查尔斯、库伯和罗兹提出了第一个 DEA 模型——CCR 模型，班克、查尔斯和罗兹将 CCR 模型中规模报酬不变假定放松为规模报酬可变，提出 BCC 模型。安德森和彼得森的超效率模型重新计算了上述模型中有效率决策单元的效率，有效区分了原来都处于前沿面上决策单元的技术效率水平。

1. CCR 模型

CCR 模型（也叫 C^2R 模型）是由查尔斯、库伯和罗兹于 1978 年提出的，该模型是第一个 DEA 模型，也是其他 DEA 模型的基础。由于该模型的一个基本假定是规模报酬不变，因此又被称为 CRS 模型。假设有 n 个决策单元（或企业），每个决策单元都有 m 种投入以及 k 种产出，第 i 个决策单元的投入与产出分别用列向量 x_i 和 y_i 表示，$X=(x_1, x_2, \cdots, x_n)'$ 和 $Y=(y_1, y_2, \cdots, y_n)'$ 代表 n 个决策单元的投入和产出矩阵，则 CCR 模型表示如下。

$$\min_{\theta,\lambda} \theta$$
$$s.t.\ -y_i + Y'\lambda \geq 0 \quad (2\text{-}27)$$
$$\theta x_i - X'\lambda \geq 0$$
$$\lambda \geq 0$$

式（2-27）中，θ 为标量；$\lambda = (\lambda_1, \lambda_2, \cdots, \lambda_n)'$ 为常数向量。通过求解规划得到的 θ 值表示第 i 个决策单元的效率值，θ 值满足 $\theta \leq 1$。如果某个决策单元的 θ 为 1，表明该企业位于生产前沿面上，根据法雷尔的定义，这是一个技术有效单元。对每一个决策单元求解一次线性规划就可以获得该决策单元的值，求解 n 次线性规划就可以得到每个决策单元相应的效率值。

上述 DEA 模型具有良好的直观解释。从本质上讲，该模型表示在可行投入集合内，投入向量 x_i 最大可收缩的程度。该可行投入集的边界就是生产前沿面。第 i 个决策单元的投入和产出在此技术前沿上的投影点为 $(X'\lambda, Y'\lambda)$，该投影点是包括第 i 个决策单元在内的所有 n 个决策单元投入产出的线性组合。如果实际投入产出和相应的投影点重合，则表示该决策单元位于生产前沿面上，即技术效率值为 1，这就被称为技术有效。这些投影点的集合就构成了生产前沿面。此外，上述线性规划中的约束条件确保投影点不会落在可行集的外面。该模型的直观含义如图 2-4 所示。

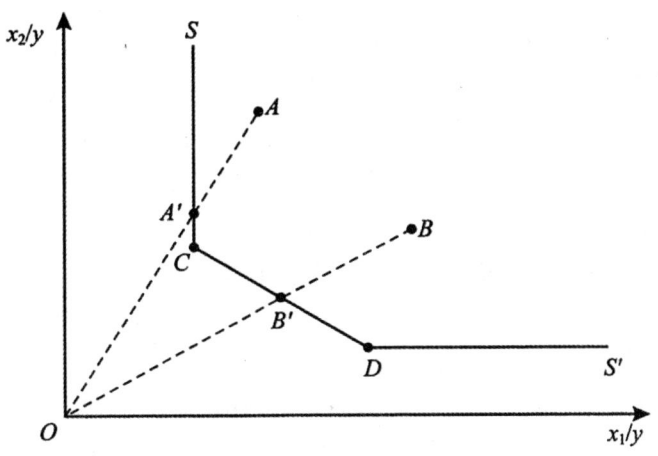

图 2-4　CCR 模型

图 2-4 表示两种投入一种产出的情况。SS' 为生产前沿，C 点和 D 点位于生产前沿上，因此这两个点的效率值为 1，它们在技术上是有效的。A 点和 B 点位于生产前沿外，其投影点分别为 A' 和 B'，它们在技术上均是无效的。根据法雷尔的测量方法，A 点和 B 点的相对效率值分别为 OA'/OA 和 OB'/OB。假设 A 点的效率值为 0.667，其表示在产出不变的条件下，其投入最大可收缩到原来的 66.7%，也就是说，最大可减少 33.3% 的投入而不会减少产出量。

2.BCC 模型

CCR 模型建立在规模报酬不变的基础上，即所有决策单元可以通过增加投入等比例地扩大产出。然而，这一假设相当严格，在许多情况下，不完全竞争、政策限制、财务约束等因素都可能导致企业难以在最优规模下运营。显然，在不满足所有企业都以最优规模运营的条件下，使用规模报酬不变假定会导致技术效率（TE）和规模效率（SE）难以区分。为解决这一问题，班克、查尔斯和库伯改进了 CRS 模型，以考察规模报酬可变（VRS）情况下的生产效率，这就是 BCC 模型，又称为 VRS 模型。该模型在 CCR 模型基础上增加了凸性约束条件：$1'\lambda = 1$，即对 λ 的取值做出了限制，从而将其改造为 VRS 模型。

$$\begin{aligned}&\min_{\theta,\lambda} \theta \\ &s.t.\ -y_i + Y'\lambda \geq 0 \\ &\quad\ \theta x_i - X'\lambda \geq 0 \\ &\quad\ 1'\lambda = 1 \\ &\quad\ \lambda \geq 0 \end{aligned} \quad (2\text{-}28)$$

式(2-28)中,1表示元素均为1的n维向量。这种方法因为增加了约束条件,因而得到的技术效率值会大于或等于用CRS模型的结果。此外,凸性约束条件($1'\lambda=1$)可以确保无效单元只与规模相近的基准单元比较。也就是,DEA前沿上的投影点是被观察单元的凸组合,而在CRS模型中则没有这个凸性约束。因此,在CRS-DEA模型中,被考察单元可能与比它大(小)得多的参考单元进行比较,而权数的总和则小于(大于)1。

CCR模型没有考虑规模效率,而BCC模型则考虑了规模效率,它实质是将CCR模型中的技术效率TE_{CRS}分解为两部分:一部分是规模效率(SE);另一部分是剔除了规模效率之后的纯技术效率(TE_{VRS})。对于某一特定决策单元,如果其CRS技术效率值与VRS技术效率值不同,说明该决策单元是规模无效的。图2-5说明了BCC模型的含义及其与CCR模型的关系。

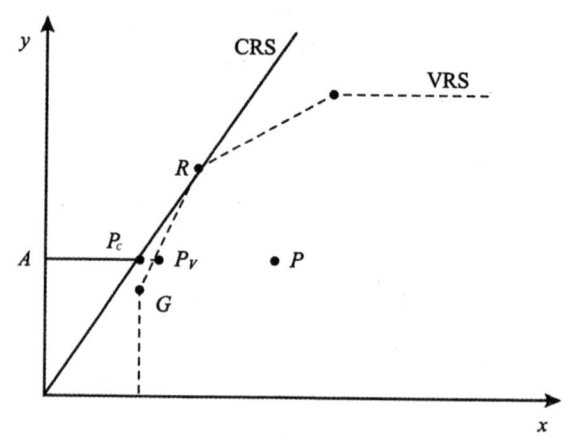

图2-5　BCC模型

图2-5表示单投入单产出情形,CRS表示规模报酬不变下的生产前沿,该前沿上的点表示规模效率和纯技术效率均有效,如R点。VRS表示规模报酬可变下的生产前沿,该前沿上的点表示纯技术效率有效,但规模效率未必有效,如G点的纯技术效率有效,但规模效率无效。P点的纯技术效率和规模效率均无效,在CRS情况下,其技术效率值TE_{CRS}为AP_C/AP,而它在VRS情况下的纯技术效率值TE_{VRS}为AP_V/AP,规模效率值SE为AP_C/AP_V,由此人们不难发现:$TE_{CRS}=TE_{VRS}\,SE$(这三个指标的取值范围均为0~1)。因而,人们可以把CRS下的技术效率分解为纯技术效率和规模效率两个部分。显然,只有在纯技术效率TE_{VRS}和规模效率SE都有效时,TE_{CRS}才有效。此外,规模效率可看成在P_V点运营企业的平均产品与在最优规模(如点R)运营企业的平均产品的比率。

3. 超效率模型

在 CCR 模型和 BCC 模型中经常会出现多个决策单元都有效的情景，即它们的效率值都为 1，这就使人们不能很好地区分这些决策单元的技术效率水平，安德森和彼得森提出了超效率模型，在一定程度上解决了这一问题。该模型重新计算了上述模型中效率为 1 的决策单元的效率，最终区分出原来都处于前沿面上决策单元的技术效率水平。在规模报酬不变的假设下度量第 i 个决策单元的技术效率，模型的具体形式如式（2-29）所示。

$$\min_{\theta,\lambda} \theta$$
$$s.t. \ -y_i + \sum_{\substack{j=1 \\ j \neq i}}^{I} \lambda_j y_j \geq 0$$
$$\theta x_i - \sum_{\substack{j=1 \\ j \neq i}}^{I} \lambda_j x_j \geq 0$$
$$\lambda \geq 0$$

（2-29）

该模型与 CCR 模型相比，唯一的差别在于构造第 i 个决策单元投影点时的技术不同：在 CCR 模型中，投影点是包括第 i 个决策单元在内的所有 n 个决策单元投入产出的线性组合，而在超效率模型中，投影点是不包括第 i 个决策单元在内的其他 $n-1$ 个决策单元投入产出的线性组合。图 2-6 对该技术进行了说明。

图 2-6 表示两种投入一种产出情形。从中我们可以看出，点 B、C、D 都位于生产前沿上，它们的效率值均为 1，而点 A、E 的技术效率均是无效的。超效率模型则进一步区分了点 B、C、D 的效率。例如，人们在考察点 C 的情况，测算它的超效率时，C 点将不再成为生产前沿的一部分，新的生产前沿只包括点 B 和点 D，所以点 C 在生产前沿上的投影为 C'。点 C 的超效率值为 OC'/OC。值得注意的是，超效率模型中无效率点 A、E 的效率值和 CCR 模型中的效率数值是相等的。也就是说，超效率模型只是改变了 CCR 模型中技术效率有效点的效率值，不改变技术效率无效点的效率值。

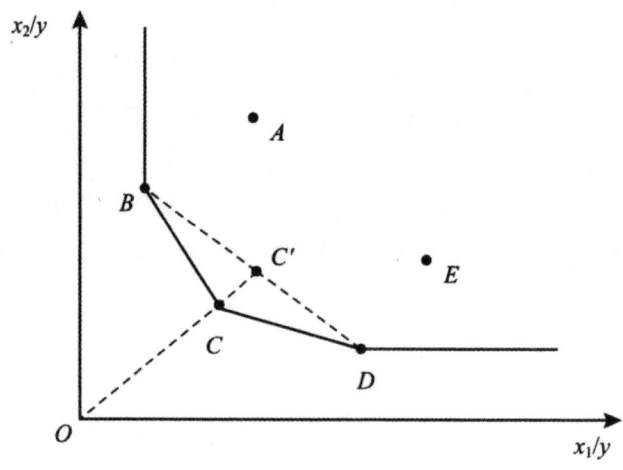

图 2-6 超效率模型

需要说明的是,以上几种常见的 DEA 模型都是以截面数据为例的。DEA 不仅可以处理截面数据,还可以实现对面板数据的处理。对于面板数据,DEA 会分别计算出每个时期的效率值,这意味着每个时期都有各自的生产前沿面,而且每个时期的前沿面通常是不一样的,这一点与参数方法构造的前沿面不同。

DEA 为经济体的效率评价提供了有利的分析工具,但更为重要的是它为全要素生产率的测算提供了新的方法。关于非参数框架内多投入多产出情况下全要素生产率的测度,目前的经验研究中普遍采用马姆奎斯特生产率指数,该指数由瑞典经济学家和统计学家斯登·马姆奎斯特提出,最初只是用来分析不同时期消费的变化,并没有被大量运用,直到 1982 年,卡夫斯、克里斯滕森和迪沃特将马姆奎斯特指数用于分析生产率增长,提出了 CCD 模型,从而极大地丰富了生产率增长的测算方法。其后,关于马姆奎斯特指数的研究取得了很多新的进展,特别是法尔等建立了研究全要素生产率变化的马姆奎斯特指数,并应用谢泼德提出的距离函数将其分解为技术效率变化和技术进步,由此马姆奎斯特指数得以广泛应用。目前,马姆奎斯特指数已经成为生产率问题研究中的一个重要方法。

三、随机前沿模型与数据包络分析方法的比较

无论是随机前沿生产函数模型还是数据包络分析方法,它们都可以追溯到法雷尔的前沿生产函数思想和凸边界模型,两者均需要借助生产前沿面来进行,区别在于这两种方法寻找和确定前沿面的方法不同,由此形成了两类基本的分析方法。这两种方法的归纳比较结果如下。

①随机前沿模型是一种经济计量学方法,从概率分布的角度分析样本点的效率,具有统计学特征,可以利用估计结果对模型设定和参数估计进行统计性检验,因而具有更为坚实的经济理论基础,但它也存在一些问题,如参数估计的一致性问题;数据包络分析是一种数学规划方法,仅仅以实际观测数据为依据,利用线性规划技术判断决策单元的相对效率,不具备统计特征,也无法进行相关检验。

②随机前沿模型需要事先设定生产函数的具体形式和技术无效率项的分布形式,这些先验性的假设对生产前沿面强加了一些约束,如果函数形式和无效率项分布设定不当,估计结果就会产生偏差;数据包络分析则无须引入较强的生产行为假设,而是直接根据投入产出数据构造前沿面,不需要已知生产前沿面的函数表达形式,同时由于其构造的是确定性前沿面,也不需要对误差项的分布进行假设,在研究中的约束较小。

③随机前沿模型构造的前沿面是随机的,避免了统计误差、运气等随机因素对技术效率值的影响,同时能将不可控因素的影响从效率估计中剔除,从而大大改善了估计结果;数据包络分析构建的是确定性前沿面,并且对每个决策单元都是一样的,因为无法考虑随机误差的影响,将不可控因素和统计误差都归于技术无效率的作用在一定程度上会影响到估计结果的准确性。

④随机前沿模型作为一种经济计量学方法,服从大数定理,即自由度越多,效果就越好,计算结果也较为稳定,不易受异常点的影响,因此这种方法更适合大样本的计算;数据包络分析是一种数学规划方法,依靠数据驱动,所以对异常数据高度敏感,如果样本容量太大,可能对计算结果有较大影响。

⑤随机前沿模型可以很好地处理单投入单产出、多投入单产出问题,但对于多产出问题的处理比较困难;数据包络分析则没有生产形式方面的限制,既可以处理单产出问题,也可以处理多产出问题。

⑥随机前沿模型和数据包络分析(如表2-1所示)在数据结构上都经历了由截面数据向面板数据的发展过程,通过使用面板数据,人们不仅可以观测决策单元的效率差异,还可以考察其时间变化。但对于面板数据,随机前沿模型根据所有时期仅构造出一个统一的生产前沿面,而数据包络分析则是每个时期都构造一个前沿面。

表 2-1 随机前沿模型和数据包络分析的比较

项目	随机前沿模型（SFA）	数据包络分析（DEA）
经济理论基础	经济计量学方法，能够对模型设定和参数估计进行统计检验	数学规划方法，不具有统计学性质，无法进行相关检验
基本假设	需要设定生产函数具体形式和技术无效率项的分布形式	无须生产前沿面的具体形式和误差项的具体分布
前沿面的性质	随机性前沿面，能够有效区分随机扰动和技术无效率因素	确定性前沿面，不考虑随机误差
样本容量	自由度越多估计结果越好，适合于大样本的计算	依靠数据驱动，对异常数据敏感度较高，适合于小样本
生产形式	主要处理单投入单产出、多投入单产出问题	没有生产形式限制，单产出、多产出问题都可以处理
数据类型	截面数据和面板数据，对于面板数据，所有时期仅构造一个统一的前沿面	截面数据和面板数据，对于面板数据，每个时期都构造一个前沿面

虽然在研究方法上，随机前沿模型和数据包络分析有所不同，但一般而言两者的结果是相似的，差别不会太大。总体来看，随机前沿生产函数在技术效率的测度中具有优势，数据包络分析方法则在分析生产率方面更适用，这也是两种方法在效率与生产率分析领域得以广泛应用的重要原因。从已有的实证研究看，两者都得到了广泛应用，但这些研究往往将两者分开使用。如今实证领域的一个最新趋势就是将两者联合使用，提供相互验证。

本节在阐述效率与生产率概念的基础上重点讨论了随机前沿模型和数据包络分析两类前沿分析方法，并对两种方法进行了比较分析。

随机前沿模型（SFA）是参数方法的典型代表，需要设定生产函数的具体形式，其优点是考虑了随机误差对产出的影响。在随机前沿模型中，误差项被分解为随机误差和无效率项，随机误差反映了生产过程中随机因素的影响，无效率项反映了企业现有技术水平的发挥情况。早期的模型主要用于截面数据的分析。皮特和李模型是第一个基于面板数据的随机前沿生产函数模型，巴蒂斯和科埃利模型则在此基础上通过放松无效率项的时间约束，允许非效率估计值随时间而变化。与截面数据模型相比，面板数据模型允许对误差项和无效率项做出更为一般的假设。更为重要的是，人们在利用极大似然法对面板数据进行处理时，能够一致地估计时间趋势和其他因素对技术效率的影响。在 SFA 中，对技术效率变化及其影响因素的分析是一个重要方面，早期的研究主要采用两步估计法，首先基于随机前沿生产函数模型估计出技术效率，再用技术效率的估计值对外生性因素进行回归。目前，人们主要采用一步估计法，同时引入时间因素和其他环境变量,通过一次回归直接得到生产函数和技术效率影响因素的估计结果,全面克服了两步估计法的理论矛盾。

数据包络分析(DEA)是一种典型的非参数方法,通过线性规划的方法来度量效率,不需要已知生产前沿的具体形式,只需要投入产出数据。CCR模型是第一个DEA模型,也是其他DEA模型的基础,但是该模型建立在规模报酬不变的基础上。BCC模型放松了CCR模型中的规模报酬不变假定,考察了规模报酬可变情况下决策单元的生产效率,它实质上是将CCR模型中的技术效率分解为规模效率和剔除了规模效率之后的纯技术效率。超效率模型重新计算了CCR模型和BCC模型中技术有效决策单元的效率,从而区分了原来都处于前沿面上的决策单元的技术效率水平。DEA模型不仅可以处理截面数据,还可以对面板数据进行处理。对于面板数据,DEA模型会分别计算出每个时期的效率值。关于非参数框架内多投入多产出情况下全要素生产率的测度,目前经验研究中普遍采用马姆奎斯特生产率指数。

尽管都是前沿分析方法,但随机前沿模型和数据包络分析在很多方面存在一定的差异。从经济理论基础看,SFA模型是一种经济计量学方法,可以对模型设定和参数估计进行统计检验;DEA模型是一种数学规划方法,不具备统计特征,也无法进行相关检验。从基本假设看,SFA模型需要事先设定生产函数的具体形式和技术无效率项的分布形式,DEA模型则无须生产前沿面的函数表达形式和误差项的分布假设。从前沿面的性质看,SFA模型构造的前沿面是随机的,能够有效区分随机扰动和技术无效率因素;DEA模型构建的是确定性前沿面,不考虑随机误差,将不可控因素和统计误差都归于技术无效率的作用。从样本容量看,SFA模型作为一种经济计量学方法,服从大数定理,因此更适合大样本的计算;DEA模型依靠数据驱动,对异常数据高度敏感,如果样本容量太大,可能会影响估计结果的准确性。从生产形式看,SFA模型主要处理单产出问题,DEA模型既可以处理单产出,也可以处理多产出问题。从数据结构看,两者都可以处理截面数据和面板数据,但对于面板数据,SFA模型根据所有时期仅构造出一个统一的生产前沿面,而DEA模型则是每个时期都构造一个前沿面。一般而言,SFA模型在技术效率的测度中具有优势,DEA模型则在分析生产率方面占有优势。

第三章 我国流通业增长现状分析

我国的流通业随着社会经济的发展而逐渐显露出上升趋势，本章主要阐述了我国流通业的总量增长情况，并指出我国流通业未来发展所面临的变化趋势等内容。

第一节 我国流通业的总量增长

一、我国流通业发展的基本情况

（一）覆盖城乡的流通网络初步形成

①城市形成了以购物中心、仓储式商店、超市、便利店、专业店等业态为支撑的城市流通体系。

②我国城市社会消费品零售总额由 1978 年的 505.2 亿元扩大到 2019 年的 133 689 亿元，占社会消费品零售总额的比重由 32% 上升为 86.5%，东部地区的部分城市如上海、宁波等，人均商业面积已经达到发达国家水平。

工业品下乡和农产品进城的双向流通渠道在我国农村初步形成，新的零售业态和经营方式开始从城市走向村镇。2019 年底，我国累计建设改造农家店 52 万个，建成配送中心 2667 个，覆盖全国 80% 的乡镇和 65% 的行政村。

（二）流通现代化初步完成

① 2019 年限额以上连锁零售餐饮企业销售总额为 2.5 万亿元，"十一五"期间年均增长 17.8%。

②电子商务蓬勃发展，2019 年全国电子商务交易额达到 5 万亿元。

③网络购物交易额超过 5200 亿元。连锁集团物流配送（统一配送率达到 63.4%）、网购物流配送、批发市场物流配送等配送方式蓬勃发展。

（三）流通主体呈多元化发展

目前已有 50 多家国际大型连锁零售企业在中国开设分店，外商零售企业开设的门店数量 16 757 个，营业面积 1733.7 万平方米，占全部连锁零售企业的比重分别为 9.5% 和 14.7%。

（四）新型流通业管理体制基本确立

国家只对储备粮、烟草、食盐等极少数重要商品实施专营管理，其余商品早已放开经营。

我国社会消费品零售总额、农副产品收购总额和生产资料销售总额中市场调节价的比重都在 98% 以上。政府先后出台了《反垄断法》《拍卖法》两部法律，《直销管理条例》《商业特许经营管理条例》《生猪屠宰管理条例》等 4 个行政法规和 34 个部门规章。

城乡市场统计监测体系涉及 22 个流通行业，21 大类 600 种消费品和 11 大类 300 种生产资料。中央和地方两级储备机制不断健全，储备品种达到 29 个，应急商品品种达到 58 种。

二、宏观环境变化为我国流通业的发展提供了良好的外部条件

（一）供给侧结构性改革的提出及推进

我国经济经过近 40 年的高速增长，经济总量不断创出历史新高，从人均 GDP 来看，我国已成功迈入中等收入国家行列。但是，近年来由于投资回报率下降、人口红利衰减、世界经济增速放缓等因素影响，我国传统经济增长逐渐放缓，供需结构失衡日趋严重，经济增速逐年下降，由原来的高速增长转变为中高速增长，经济发展进入新常态。面对经济新常态，中央提出供给侧结构性改革，旨在推进经济结构中供给领域的改革，使供给和需求实现新的动态平衡。流通业作为连接生产和消费的重要一环，是国民经济的先导产业，必将成为供给侧结构性改革的重要环节和主要角色。

首先，供给侧结构性改革的主要内容都与流通息息相关。因为无论是库存、产能问题，还是成本、短板问题都是我国快速工业化导致的快速生产扩张遇到流通瓶颈之后出现的必然问题。换言之，也就是强大的生产制造能力没有通畅合理的流通体系支撑。特别是"降成本"最大的空间便是在流通领域，流通领域的物流成本、供应链成本、品牌打造成本及推广成本、渠道构造及维护成本等都亟须降低。而"补短板"的主要领域之一也是流通领域，如流通渠道不畅、

流通体系不合理、流通设施不足落后等问题。

其次，国家对流通业供给侧结构性改革的重视程度可谓前所未有。2016年至今，国家发展改革委、国务院办公厅、商务部等先后出台《物流业降本增效专项行动方案（2016—2018年）》《关于推动实体零售创新转型的意见》《关于开展加快内贸流通创新推动供给侧结构性改革扩大消费专项行动的意见》《关于复制推广国内贸易流通体制改革发展综合试点经验的通知》《关于进一步推进物流降本增效促进实体经济发展的意见》等一系列重要文件和政策，反映出国家对流通领域供给侧结构性改革的高度重视，这些都为流通业的发展提供了良好的外部环境。

（二）消费成为经济增长的主要推动力

近年来，我国消费品市场持续健康发展，总体规模不断扩大，年均增长速度一直保持在两位数以上，消费对经济增长的贡献率不断提升，消费驱动型经济基本形成。

2019年，我国社会消费品零售总额为41.2万亿元，比上年名义增长8%(扣除价格因素实际增长6%，以下除特殊说明外均为名义增长)。其中，除汽车以外的消费品零售额为37.2万亿元，增长9%。

2019年12月份，社会消费品零售总额为3.9万亿元，同比增长8%。其中，除汽车以外的消费品零售额为3.4万亿元，同比增长8.9%。

按经营单位所在地分，2019年城镇消费品零售额为35.1万亿元，比上年增长7.9%；乡村消费品零售额为6万亿元，增长9%。其中，12月份城镇消费品零售额为3.3万亿元，同比增长7.8%；乡村消费品零售额为0.6万亿元，同比增长9.1%。

按消费类型分，2019年餐饮收入为4.7万亿元，比上年增长9.4%；商品零售额为36.5万亿元，比上年增长7.9%。其中，12月份餐饮收入为0.48万亿元，同比增长9.1%；商品零售额为3.4万亿元，增长7.9%。

按零售业态分，2019年限额以上零售业单位中的超市、百货店、专业店和专卖店零售额比上年分别增长6.5%、1.4%、3.2%和1.5%。

2019年，全国网上零售为10.6万亿元，比上年增长16.5%。其中，实物商品网上零售额为8.5万亿元，增长19.5%，占社会消费品零售总额的比重为20.7%；在实物商品网上零售额中，吃、穿和用类商品分别增长30.9%、15.4%和19.8%，详见表3-1所示。

表 3-1 2019 年社会消费品零售总额主要数据

指标	12月		1～12月	
	绝对量（亿元）	同比增长（%）	绝对量（亿元）	同比增长（%）
社会消费品零售总额	38 777	8.0	411 649	8.0
按经营地分				
城镇	32 704	7.8	351 317	7.9
乡村	6073	9.1	60 332	9.0
按消费类型分				
餐饮收入	4825	9.1	46 721	9.4
商品零售	33 952	7.9	364 928	7.9
粮油、食品类	1465	9.7	14 525	10.2
饮料类	198	13.9	2099	10.4
烟酒类	411	12.5	3913	7.4
服装鞋帽、针纺织品类	1490	1.9	13 517	2.9
化妆品类	280	11.9	2992	12.6
金银珠宝类	268	3.7	2606	0.4
日用品类	616	13.9	6111	13.9
家用电器和音响器材类	930	2.7	9139	5.6
中西药品类	581	8.2	5907	9.0
文化办公用品类	333	-11.5	3228	3.3
家具类	212	1.8	1970	5.1
通信器材类	447	8.8	4839	8.5
石油及制品类	1815	4.0	20 042	1.2
汽车类	4428	1.8	39 389	-0.8
建筑及装潢材料类	227	0.6	2061	2.8

这些都表明消费已经成为我国经济增长的主要推动力。而消费无论是在流通业发展的历史演进中，还是在新兴流通业态和流通模式的崛起过程中都起着非常重要的作用，尤其是在消费驱动型经济时代，在国家明确提出要着力扩大居民消费，促进消费结构升级，在通过发挥新消费的引领作用培育形成新供给、新动力的背景下，消费的快速增长会进一步促进流通业业态的创新和整个流通业的发展。

第二节　我国流通业的变化趋势

一、流通智能化水平不断提升

近年来，随着流通领域一系列新兴技术（如物联网、大数据、云计算、移动支付、人工智能、区块链以及生物识别等）的推广与应用，智慧物流、智慧商店、智慧社区和智慧商圈等快速发展，流通智能化水平不断提升，流通业正由原来的劳动密集型产业向资本、技术密集型产业转变。在零售领域，原来的百货店、便利店、超市等正在经历"智能商店"革命，如机器人餐厅、智能家居商店、未来商店、无人超市等相继出现。这些智能商店除了流通设施的智能化以外还包括流通环节的交易、支付、物配等过程的智能化。因此，有不少人提出，零售业正迎来以智能化为重要特征的第四次革命，人类正在迈向"无界零售"时代。在物流领域，分拣机器人和无人机正在成为热点。由此可见，流通领域许多由人工操作的环节正向机器智能操作方向发展，流通智能化水平不断提高，且在不远的未来，全自动仓库的所有操作都将由智能机器完成，从入库、理货、出库、分拣都不需要人力的参与；包裹也可以通过机器人自动投递到客户的汽车后备厢，全程不需要客户等待，也不需要签收，这些都是顾客期待的新体验，也是流通智能化发展的方向。

二、流通服务日趋定制化

近些年来，随着我国居民收入水平的不断提高，居民消费结构不断升级，消费者对个性化商品的需求不断提升，这种市场需求传导至流通环节，促使流通服务日趋定制化，如当前最具活力和发展潜力的物流市场行为主体为第三方物流企业，其提供的定制服务模式便是流通服务制定化的典型模式。与传统的物流服务不同，第三方物流企业通常以客户需求为出发点，借助先进的管理理念和信息系统，针对不同客户的不同需求，设计出满足客户个性化需求的物流服务方案，为客户提供专业程度更高、反应能力更快的服务。正是由于提供了定制化的服务，第三方物流在我国的发展才一帆风顺。以京东物流为例，对使用京东物流的第三方商家，京东针对不同行业特点，甚至不同企业特点分别推出不同的服务方案，提供包括仓储、物流、配送等在内的物流全链条定制化服务。例如，对消费品企业京东提供商品保质期全程监控和管理；而对3C行业，京东则会采用细致管理的体系；在大件的解决方案中，京东则着重提供大家电、家居家装、运动健身等产品仓、配、安一体化的服务；对服装行业则有多地备货方案和淡旺季的运营策略；对生鲜企业则在冷链物流上提供更周到的全程温控多温层冷链物流服务。而对华南地区物流需求的井喷式增长，京东物流则通过布局自建仓配物流网络，为商家提供一体化的物流解决方案，实现库存共享及订单集成处理，可提供仓配一体、快递、冷链、大件、物流云等多种服务。此外，我国消费群体正发生变化，中产阶层消费者不断增加，据麦肯锡公司预计，到2022年，超过75%的中国城镇消费者将成为中产阶层。中层阶层是一个不容忽视的主要消费群体。同时，80、90后群体成为我国经济发展中的消费主体，他们的消费理念、受教育水平、财富结构使其在商品选择时朝着日益个性化的方向发展，这也进一步使得流通服务走向定制化。

三、流通过程趋向绿色化

随着生态环境问题的日益严峻，世界主要国家都将绿色发展作为经济增长的核心新动力。在我国"十三五"规划中，绿色发展与创新、协同、开放、共享共同作为指导各个领域和各个环节发展的五大理念，这使得绿色发展成为各行各业的关键词。流通作为连接生产与消费的中间环节，其过程能否实现绿色化，关乎整个经济能否实现绿色发展。近年来，随着居民收入水平的提高和环保意识的增强，绿色消费逐渐成为社会时尚和人们关注的新焦点，绿色消费场所和产品等逐渐成为人们消费的首选。此外，在经济新常态和供给侧结构性改革的背景下，绿色发展也成为流通企业转型升级的重要方向和应对市场竞争的主动选择，这些都促使流通过程趋向绿色化。以京东物流为例，其通过独立研发拥有自主专利的防撕包装袋，推广使用瘦身胶带，仅一年下来就节约使用1亿米胶带，同时在运输工具方面，选择投入新能源车，既大大减少了物流费用，增加了企业收益，又通过降低资源能耗减少了自身物流活动对环境的负面影响，这样一举两得的行为值得其他流通企业学习和借鉴。

四、跨界融合发展加速

党的十八大以来，国家积极推进"中国制造2025"战略、"互联网+"行动计划等系列重大举措，以大数据、云计算为代表的现代信息技术在各领域被深度应用，跨界融合成为经济发展的重要特征。在流通领域，以跨界融合为特征的新一轮流通革命正在悄然兴起。各种新业态、新模式不断涌现。

一是基于产业链延伸的产业融合，如依托电子商务和大数据的农业与流通业的融合能够以预购和预售的方式发展订单农业，将交易、物流、技术等电子商务服务融入农业生产，实现"以销定产""产地直供""农超对接"。而

C2B模式的兴起，则彰显出以消费者主张为标准的商业逐渐成为主流，在以用户导向为主导的反向定制消费时代中，消费者通过自己给自己定制参与或决定企业生产，使制造企业获得消费者更多的个性化和多样化需求，从而采取个性化定制、柔性化生产，实现从生产型制造向服务型制造的转变。此外，流通业与文化、旅游、健康、养老等服务业的融合渗透使服务化成为流通业发展的新特征。

二是基于"互联网+"的线上线下融合模式，如依托互联网、移动支付等信息技术快速发展起来的体验经济、分享经济、平台经济等，当然最典型的线上线下融合模式当属O2O。在流通领域，O2O线上线下融合更加多元，线上商城与线下实体店的边界越来越模糊，电商和实体店正由原来的竞争走向合作，形成你中有我、我中有你、合作共赢的格局，如阿里巴巴通过联手1000家商场推动大型实体零售升级计划，利用Wi-Fi、蓝牙等技术层面的支撑，把传统的百货及零售业数据化，搭建起一个相对完善的大数据后台，为消费者提供更方便的服务，同时协助传统百货转型升级。

第四章 我国流通业发展的相关研究

流通业改革发展是中国经济整体"渐进式改革"的有机组成部分,经济改革部署下的改革与发展资源配置模式、激励机制、价格形成机制、企业治理结构、对外开放体制和一系列宏观政策的改革都对流通领域的发展产生了深远的影响。

第一节 我国流通业改革发展历程

作为我国改革开放最早、市场渗透率最高的领域之一,经过40年跌宕起伏的发展,流通业已经从计划经济体制下的"末端产业"上升为社会主义市场经济体制下的"基础性和先导性产业",目前已初步形成主体多元、方式多样、开放竞争的格局,新技术、新业态、新模式不断涌现,在引导生产、促进消费、惠及民生、促进结构优化和发展方式转变方面的重要作用持续显现。基于流通的重要作用,梳理我国改革开放以来流通业改革发展的脉络,将为新时代加快内贸流通业高质量发展,做大做强现代流通业这个国民经济大产业,推动我国从贸易大国迈向贸易强国提供极具价值的经验。

一、流通业改革发展的初步探索阶段(1978—1984年)

(一)改革开放之前流通业发展缓慢

1. 计划经济时期对流通的重视程度不够

计划经济时期虽然也有"流通是连接生产与生产、生产与消费的桥梁和纽带"的观点,但流通"依附论"占据主导地位。在全国"重生产、轻流通",轻视价值规律的大背景下,工业部门占比长期稳定在高份额,流通业被摆在相对次要的位置。到1978年,我国工业占比高达44.1%,批发零售、住宿餐饮以及交通运输、仓储和邮政业占比分别只有 6.6%、1.2% 和 4.9%（表 4-1），流通业发展在一定程度上受到影响。

表 4-1　1978 年中国主要经济部门占比情况

经济部门	占比（%）
农渔牧业	27.9
工业	44.1
建筑业	3.8
批发和零售业	6.6
住宿和餐饮业	1.2
交通运输、仓储和邮政业	4.9
金融业	2.1
房地产业	2.2
其他	7.2

从各部门对经济增长的带动来看，到 1978 年，工业是经济增长的决定性贡献者，对经济增长的拉动为 7.3%，贡献率达到 60.2%，同期批发和零售业对经济增长的拉动和贡献率分别只有 1.5% 和 12.7%（表 4-2），重工轻商的发展道路导致产业结构失衡。

表 4-2　1978 年供给端各部门对经济增长的带动情况

经济部门	增长拉动（%）	贡献率（%）
第一产业	1.1	9.8
第二产业	7.5	61.8
工业	7.3	60.2
第三产业	3.3	28.4
批发和零售业	1.5	12.7

2. 计划经济时期流通体制存在较大缺陷

计划经济时期，我国形成了"四级大流转"和"三固定"的流通模式，零售企业只能向三级批发站进货，各级批发站只能向上级批发站进货，批发零售企业只能固定供应范围、固定供应对象、固定倒扣率。社会主义产品经济理论指导下建立起来的流通体制一度在商品短缺的条件下，有利于国家集中有限的资源进行经济建设，而以批发站、百货商店和供销社为主的流通主体，按照政府的要求在居民中完成实物配给，也在"稳定物价"和"保障供给"的过程中发挥了重要作用。

然而，在这种行政指令绝对控制体制下，流通主体隶属于各级政府的分配机关，其组织形态和规模结构的调整与改变完全服从于行政主管部门的安排，这种流通体制存在较大的缺陷：首先，以统购包销为特征的商品流通管理体制，使产品不能自由进入市场，不能实现等价交换，是改革开放之前商品匮乏的重要原因之一；其次，以单一公有制为特征的商业经营管理体制排斥其他所有制的经营者，导致商品流通僵化呆滞；最后，政府部门直接行政介入商业经营与管理，严重肢解了商品流通体系，制约了市场机制作用的发挥。因而，改革发展流通业成为当时一项重要并且紧迫的任务。

（二）流通业改革发展源于计划经济体制的最初突破

以中共中央十一届三中全会召开和农村家庭联产责任承包制的推广及应用为标志，中国掀起了改革开放的序幕，这两个关键事件对于流通领域具有重大意义：一是解决了僵化的单一所有制问题，十一届三中全会提出，我国现阶段的基本经济制度是以公有制为主体，多种经济成分长期并存共同发展的经济制度，这为流通业各种经济成分竞相迸发夯实了思想基础，尤其为流通业中最为活跃、最为主动的非公有制经济成分的发展提供了行动指南；二是解决了激励机制问题，20世纪70年代末80年代初，中国经济体制改革最鲜明的特征是解放了生产力，发展了生产力，为包括流通业在内的一切经济发展提供了充裕的劳动力基础。

1. 生产力的解放推动了流通业非公有制经济成分的发展

自1980年9月中共中央印发《关于进一步加强和完善农业生产责任制的几个问题》允许农民自愿实行家庭联产承包责任制以来，不到两年，家庭联产承包责任制就在全国绝大多数地区普及，极大释放了束缚在土地上的农村富余劳动力。为进一步推动富余劳动力合理有序转移，1980年8月党中央提出要大力扶持兴办各种类型的、自负盈亏的合作社和合作小组，1982年中央一号文件提出允许"试办和发展社队集体商业，如贸易货栈、联合供销经理部和农工商联合企业等"，1983年中央一号文件又提出，对农民完成统派任务后的产品（包括粮食，不包括棉花）和非统购产品应当允许多渠道经营，可以进城，可以出县、出省，明确指出"农民个人和合伙进行长途贩运，有利于农副产品销售，有利于解决产品积压，销地缺货的矛盾"，1984年，国务院发布《关于合作商业组织和个人贩运农副产品若干问题的规定》，允许有营业执照的商贩下乡采购、贩运农副产品，也可以在城市指定的市场向贩运者批量进货，就地销售。

随着政策松动，出于谋生和对致富的渴望，以安徽、浙江、四川一带为代表的乡镇居民，开始兴办个体和小型私营企业，开展形式多样的流通活动，各类市场迅速恢复。到1985年，全国共有集市数6.1万个，集市贸易成交额632.3亿元，其中乡村集市数5.3万个，占总数的86.9%，成交额为511.5亿元，占总成交额的8.9%。这场始于农村的改革，使得广大农村地区的交易行为异常活跃，为缓解农村地区的物资短缺状况做出突出贡献。

2. 企业经营自主权的扩大激发了国有商业发展的活力

可以同农村实施家庭联产承包责任制相提并论的，是国有企业的改革。农村改革刚开始不久，扩大企业经营自主权和提高企业活力的相关问题占据了改革的重要位置，在计划经济的基本框架内，国有企业开展了一系列扩大企业自主权和利润留成等的改革实践，激活了企业的盈利意识和经营意识。

此时，国营商业企业开始了扩大企业自主权的有益探索。1979年，商业企业经营责任制成为国营商业企业管理体制上的一项重大改革，企业踊跃开展了改革实践，到1981年底，全国共有28个省、自治区、直辖市的3.5万多个企业进行经营责任制试点，占到了国有商业企业总数的1/3。同一时期，许多物资企业根据自身情况实行了上缴利润包干、亏损包干、三保一挂、目标利润包干等形式的经营责任制改革。随后，1983年7月，国营企业开始普遍推行"利改税"改革，1984年政府对小型商业企业试行了"改、转、租、卖"的政策，到1984年末，全国有5.8万个小型国营零售、饮食和服务企业放开经营，其中改为"国家所有、集体经营"的4.7万个。1984年2月17日，全国经济工作会议提出供销社要实现五个方面的突破：一是在劳动人事制度上要有所突破，基层干部真正由农民产生，能上能下，农民有罢免权，供销社的职工要能进能出；二是要突破农民入股的限制；三是要打破现有经营范围和服务领域的限制，使供销社急农民之所急，办农民想办的事；四是必须解决按劳分配的问题，真正体现多劳多得，打破分配上的平均主义；五是价格上要让供销社有一定灵活性。这五个突破，从根本上突破了供销社"官办"或变相"官办"的框框。

自此，流通领域中的多种经济成分迅速发展。到1984年，全社会共有商业、饮食服务业零售网点915万个，是1978年的6.2倍。其中，国营网点27.2万个，减少40.1%；集体网点159.4万个，增长55.9%；个体728.1万户，增长将近40倍。国营商业延续30多年以行政手段层层分配、调拨商品的旧运行机制逐渐被打破，老百姓购物、用餐、住店、理发、缝衣、修理难的状况得到大大缓解。到1985年，个体经济成分占社会消费品零售总额的比重已经达到15.4%，相比较之下，国有单位下降至40.4%（表4-3）。

表4-3　1978—1985年流通领域各所有制经济占社会消费品零售总额比重

年份	国有单位(%)	集体单位(%)	合营(%)	个体(%)	其他(%)
1978	54.6	43.3	0	0.1	2
1980	51.4	44.6	0	0.7	3.2
1985	40.4	37.2	0.3	15.4	6.8

（三）流通领域价格形成机制开始初步探索

价格问题始终是中国经济体制改革的中心问题，也是流通业改革发展的关键问题。1979—1984年，主要以调整不合理的价格为主，流通领域开始了价格改革的初步探索。这一阶段的价格调整为下一阶段流通领域定价机制的改革打下了坚实的基础。

1979年，国家大幅提高18种农产品的收购价格，平均提价幅度达24.8%。农产品收购价提高以后，同年政府还调整了猪肉、牛肉、羊肉、禽、蛋、蔬菜、水产品、牛奶八类主要副食品的销售价格，提价总金额为42亿元，提高幅度在30%左右。农副产品价格的调整，极大活跃了城乡集市贸易的氛围。工业品价格方面，从1982年起，国家陆续放开了小商品的价格，第一批为6类160种，1983年9月放开了第二批8类350种。

自此，商业部（今工商部）管理的计划商品数量大幅减少，1984年商业部管理的统购、派购的农副产品种类调减为12种，管理的日用工业品减少到26种，日用工业品购销体系发展出统购统销、计划收购、订购、选购、代批代销和工商联营联销六种购销形式。生产资料流通方面，1979—1984年，钢材统配比重由77%下降到62%，煤炭由58%下降到51%，木材由85%下降到44%，水泥由35%下降到24%，五种有色金属由68%下降到56%。

我们可以看到，为了避免全面放开价格导致市场剧烈波动，在价格改革伊始，我国采取了"小步慢跑"的改革路径，在一定程度上增强了市场的可控性，但是由于没有触动价格形成机制的改革，在供求关系变化的条件下，看似理顺的价格关系又产生了新的扭曲，也为下一阶段价格双轨制改革埋下了伏笔。

二、流通业改革发展的双轨制阶段（1985—1991年）

在中国经济转轨过程中，产品和资源价格形成机制的改革是一个重要领域，是继家庭联产承包责任制、国有企业改革之后改革最重要的突破口，价格形成机制的改革推动了流通体制的进一步放开，流通业的需求发现、价格实现功能逐步得以恢复。与苏联、东欧等大多数转轨制国家相比，中国价格形成机制改革并没有采取"一步到位"的改革举措，而是逐步实现从政府定价到市场价格体制的过渡，最终顺利实现价格并轨。在1992年党的十四大确立建设社会主义市场经济体制的改革目标之前，除了生产资料出厂环节计划内价格仍占到54.3%以外，在消费品零售环节、农产品收购环节，市场价格比重相继占据优势地位。

（一）市场定价推动了流通体制进一步放开

为与产品和资源的价格形成机制相适应，这一阶段流通体制同时存在"计划内"和"计划外"两种体制。对于前一种流通体制，以国营商业为主的流通主体仍然不同程度地执行国家的指令性计划，对于后一种流通体制，在形成市场定价以后，各类市场开始蓬勃发展，市场机制的作用逐渐显现。总的来看，消费品流通价格放开较早、较彻底，市场发育程度比较好，相比较之下，生产资料流通价格实行了稳步放开的策略，市场培育经历了一个较长的过程。

1. 消费品流通价格改革相对较快

在农业消费品方面，1985年1月1日，中央一号文件规定：从当年起，除个别品种外，国家不再向农民下达农产品收购派购任务，按照不同情况，分别实行合同订购和市场收购。其中，粮食、棉花取消统购，改为合同订购，除此之外，生猪、水产品和大中城市与工矿区的蔬菜，也逐步取消派购。

在工业消费品方面，1984年10月政府进一步规定：除去各级政府必须管理的少数品种外，放开小商品价格。1986年，小商品价格全部放开，并放开了自行车、收录机、电冰箱、洗衣机、黑白电视机、中长纤维布和80支以上棉纱制品的价格，大幅度扩大了消费品的市场调节价范围。到1991年，由商业部系统计划管理的商品已经从1978年的274种减少到12种，日用工业品指令性计划的商品被完全取消。

伴随消费品价格的逐步放开，社会消费品零售总额中市场调节价比重相应逐渐提高。根据国家物价局计算，在社会消费品零售总额中，1978年国家定价占97%，市场调节价只占3%，到了1984年，国家定价占73.5%，国家指导价占10.5%，市场调节价占16%，到1991年，国家定价占20.9%，国家指导价占10.3%，市场调节价占68.8%（表4-4）。由价格和供求的自发变化自动调节社会生产和流通的"有计划的商品经济"初步形成，各类市场开始蓬勃发展，特别是在价格放开较早的农副产品和小商品领域表现尤为突出。1990年，城乡集市数比1985年增长了18.3%，交易额更是增长了2.4倍，城乡集市贸易迅速发展。

表4-4　1978—1991年社会消费品零售总额中市场调节价比重变化情况

年份	1978	1984	1990	1991
国家调控价占比（%）	97	73.5	47	31.2
市场调节价占比（%）	3	26.5	53	68.8

2. 生产资料流通价格改革分步推进

我国自20世纪80年代中期开始实行生产资料的价格双轨制，到20世纪90年代初顺利向市场价格单轨制过渡，这是中国推进渐进式市场化价格改革最为成功的范例。消费品价格在改革初期就从小商品开始迅速放开，价格双轨制并不普遍，生产资料价格不同，1984年以后，实际实行双轨制价格的产品品类才逐步扩大，逐渐遍布所有产品。据1988年统计，在重工业品出厂价格中，按照国家定价包括地方临时价格销售的比重采掘业产品为95.1%，原材料产品为74.6%，加工工业产品为41.4%，国家定价外销售的部分，则实行市场调节价。另据国家物价局对17个省、自治区、直辖市的调查，1989年企业按计划购进的生产资料占全部消费额的比重，以实物量计算约为44%，以金额计算仅占28%。

应该看到，价格双轨制有其明显的弊端，双轨制价格常常在利益驱动下影响供货合同履行情况，不利于增强一部分承担计划任务较多的大中型企业的活力，助长了投机倒卖、营私舞弊等不良风气。因而，1990年和1991年，国家实行的治理整顿、紧缩经济政策见效，宏观经济好转，供需矛盾趋于缓和，生产资料市场价格回落，双轨制价差进一步缩小，一般产品价格回落到高出计划价格一倍以内甚至50%以内，个别产品还出现市场价格低于计划价格的现象。1992年，国家物价局重新修订和颁布了中央管理价格的分工目录，其中重工业生产资料和交通运输价格由1991年的47类737种减少为89种（国家定价33种，国家指导价56种），一次放开近600种，使得绝大部分工业生产资料双轨价并为市场单轨价。我国生产资料流通所走的双轨制道路在流通体系尚不完善的情况下，较好地帮助生产企业了解市场供需状况，为生产资料流通体制改革提供了一定的缓冲。

（二）价格形成机制改革加快了流通业改革发展进程

在从行政定价转变为市场定价的过程中，掌握定价权限的流通业管理部门积极响应价格改革的需要，开展了一系列改革实践，放开了僵化、半僵化的流通管理体制，取消了与市场定价不相适应的指令性的购销政策，精简了流通环节，进一步扩大了流通主体开展经营活动的权限。

1. 大力推进商业行政管理体制改革

城市商业企业管理权限下放，逐渐实现"政企分开"。1984年7月，国务院批转了商业部《关于当前城市商业体制改革若干问题的报告》，同年10月，中共中央颁发《关于经济体制改革的决定》，1985年城市商业体制改革全面展开，各省、自治区商业厅（局）逐步将省属企业下放到所在市领导管理，进一步增强了城市商业企业活力。到1985年底，商业部管辖的17个工业品一级站全部下放到所在市，省、自治区所属日用工业品二级批发站下放513个，占全国日用工业品二级批发站596个的86%，传统"三固定"和"一、二、三、零"封闭式经营模式基本被打破。到1991年，在全国范围内推广重庆市"四放开"（即经营、价格、用工、分配放开）经验，"政企分开"有了较大的突破。在改革的推动下，我国商业企业经济效益有所好转，1991年国营商业企业亏损0.73亿元，比上年进一步减亏0.84亿元。

2. 探索建立类型多样的商品交易市场

1984年，第六届全国人民代表大会二次会议明确提出广泛设置农产品批发市场的发展目标，此后各地商业部门陆续建设了一批综合性或肉类、畜禽、羊毛、食糖等专业性的批发交易市场，城乡集市贸易迅速发展，1990年，全国共建成集市72 579个，比1985年增长了18.3%，到1991年，国（营）合（作）商业部门组建的大中型蔬菜、水果批发市场有600多个。与此同时，期货交易市场开始萌芽，1990年，根据国务院《关于加强粮食管理稳定粮食市场的决定》中关于"逐步建立粮食批发市场，有秩序地组织市场调节""省间调剂必须进场成交，价格由供求双方议定"的要求，开始试办郑州粮食批发市场，此后在黑龙江、江西、安徽、湖北、吉林等地陆续出现了一批区域性的粮油批发市场，同时一批较为规范的生产资料批发市场也建立起来。

3. 加快推进商业企业产权制度改革

第一，在大中型商业企业中稳步推行经营承包责任制。1985年开始，我国在大中型商业企业中推行经营承包责任制，形成了企业对政府及企业内部分配关系双向承包机制，强化了企业和职工的经营积极性。1987年，商业企业的承包经营责任制全面展开，全国实行各类承包经营的国有大中型商业企业达到13 324个，占总数的61.2%，1991年底，商业国有大中型企业实行承包制的达到94%，主要的承包形式有"上缴利税基数包干""递增包干、超收分成""两保一挂（保上缴税利，保企业发展后劲，工资总额和经济效益挂钩）"。

第二，对小型商业企业实行"改、转、租、卖"。1986年5月，国务院批转了国家体改委、商业部等单位《关于1986年商业体制改革几个问题的报告》（以下简称《报告》），《报告》提出"继续开放国营小商业企业"，并对有关政策做出具体规定。到1987年底，商业部系统放开的国营小型商业企业已达到87 880个，占总数的81.9%，同比增长39.6%。其中，国家所有集体经营的占55.6%，同比增加6.8%；转为集体所有制的占4.2%，同比下降28.5%；实行租赁经营的占39.8%，是1986年的1.92倍；卖出企业占0.45%，是1986年的2.7倍。到1990年前后，国营小商业企业实行"改、转、租、卖"的覆盖面已经超过90%。

随着商业企业产权制度改革的深入，我国商业企业多元化所有制共同发展的局面进一步巩固。到1991年末，从主体数量看，全民所有制商业占4.7%，集体商业占14.1%，个体商业占81%，还出现了少量的中外合营和私营商业企业。从从业人员占比看，全民所有制占25.5%，集体商业占31.2%，个体商业占43.3%。从社会消费品零售总额占比看，全民所有制商业占40.2%，集体商业占30%，个体商业占19.6%，合营商业占0.5%，农民对非农业居民直接零售占9.7%。

三、流通业市场化改革发展阶段（1992—2001年）

党的十四大以前，流通体制改革基本解决了"三多一少"的问题，流通功能逐渐由计划经济时期的"分配型"转向"交换型"，但是流通体系培育发展还很不成熟，由于发展惯性和路径依赖，流通体制中还存在大量与社会主义市场经济不相适应的体制机制障碍，突出表现在保障市场规范、有序竞争的法律法规体系没有形成，行业管理部门对市场仍然干预过多、过细，政府职能亟待转变，流通主体自我约束、自我管理的行业自律组织没有建立，适应现代社会化大生产和市场经济体制要求的现代企业制度还没有形成。

因此，从党的十四大到十六大前夕，建立健全间接宏观调控体系、深化国有商业企业体制改革、进一步完善商品和服务的价格形成机制是这一阶段我国流通体制改革的主要着力点。经过1992—2001年近十年的改革实践，多种所有制、多种渠道、多种业态、内外贯通、城乡一体的流通格局基本形成。

（一）推动流通领域形成与市场化相适应的间接宏观调控体系

首先，组建新的流通业管理部门。1993年，政府撤销商业部、物资部，组建国内贸易部，主管全国商品流通，结束了生活资料和生产资料流通长期分割管理的局面，1998年，根据第九届全国人大第一次会议批准的国务院机构改革方案，国内贸易部改组为国内贸易局，主管全国商品流通行业消费品流通、生产资料流通、商业企业改革等事项。

其次，初步建立流通法律体系。政府先后制定了《经济合同法》《产品质量法》《反不正当竞争法》《广告法》《商标法》和《消费者权益保护法》等商事特别法规，同时出台了《期货市场管理暂行条例》《商品市场登记管理办法》《批发市场管理办法》《拍卖管理办法》《连锁店经营管理规范意见》等商品市场法规，初步形成与统一、开放、竞争、有序的市场体系相匹配的基本法律框架体系。

最后，加快发展各类第三方机构。政府为推动机电、金属、木材、副食、纺织、百货、餐饮等行业发展建立了全国性的专业协会，大幅提高了流通业社会治理水平。着力培育和发展一批会计师事务所、律师事务所、审计事务所、市场营销和企业管理咨询公司等专业性服务中介机构。

（二）加快培育市场化的多元流通主体

1992年，党的十四大提出"以公有制经济为主体多种所有制经济共同发展"的方针，非公有制经济已经成为社会主义初级阶段不可或缺的重要组成部分；1997年，党的十五大第一次比较系统地阐述了社会主义初级阶段所有制结构理论，公有制经济的地位从"补充"上升到"基本经济制度"。党在思想认识上有了质的飞跃，打消了各个领域发展非公有制经济的顾虑，流通领域非公有制经济得到迅猛发展。同时，国家加大了对国有大中型流通企业的"国有民营"改革力度，积极推行以"资产国有、设备租赁、自筹资金、自负盈亏、集体或个人经营"为主要内容的改革。国有经济逐步有计划、有步骤地退出商贸领域。1998年底，非公有制经济成分在社会消费品零售总额中的占比达到62.7%（表4-5）。到2001年，批发业中私营企业占比达到8.3%，零售业中私营企业占比达到11.3%。

表4-5　1992-1998年各经济类型占社会消费品零售总额比重变化

年份	国有单位（%）	集体单位（%）	合营（%）	个体（%）	其他（%）
1992	41.3	27.9	0.7	20.3	9.8
1993	37.5	22.0	0.3	24.2	16.0
1994	31.9	20.8	0.4	28.4	18.4
1995	29.8	19.3	0.4	30.3	20.2

续表

年份	国有单位(%)	集体单位(%)	合营(%)	个体(%)	其他(%)
1996	27.2	18.4	0.5	32.0	21.8
1997	23.3	17.5	0.5	34.8	23.9
1998	20.7	16.6	0.6	37.1	25.2

在鼓励发展内资非公有制经济的同时，流通业对外开放力度不断扩大。1992年7月，国务院出台了《关于商业零售领域利用外资问题的批复》，批准在六大城市和五个经济特区各试办一至两个中外合资或合作经营的零售企业。1993年3月起，国家又扩大了试办中外合资零售商业的城市和地区范围，并首次将批发领域纳入对外开放范围。1995年上半年，国务院正式批准建立了北京燕莎友谊商场、上海第一八佰伴等15个中外合资合作零售企业，同年10月国务院批准在北京和上海试办中外合资连锁商业企业，外资在国内流通业的经营业态开始迈向多样化。1999年6月，经国务院批准，国家经贸委、外经贸部发布了《外商投资商业试点办法》，允许开设中外合资、合作商业的地区扩大到了直辖市、省会城市、自治区省会、计划单列市，经营类型也由零售业拓展到批发业。2001年12月，我国正式加入WTO，根据世贸组织承诺，我国零售业在入世的过渡期阶段，除了化肥和汽车零售业需要在5年之内取消全部限制外，其他领域、控股等方面的限制均在3年内取消。

1992—2001年的十年间，中外合资流通业从无到有、从少到多，得到了长足的发展。到2001年，全国共有限额以上零售业外商投资企业110家，港澳台投资100家，限额以上批发业外商投资企业116家，港澳台投资84家，广泛分布在全国20多个省市，主要集中在上海、北京、深圳、广州、南京、杭州等大中城市，全球50家最大的零售企业已经有2/3进入中国，沃尔玛、家乐福、麦德龙等零售巨头已经逐步在中国形成了一定的分销规模。

（三）加快形成多元商品市场体系

商品交易市场是搞活地方经济的重要手段，各地积极布局了一批市场建设项目，在拉动经济增长的同时，进一步完善了流通体系。这一阶段，我国商品交易市场迅速发展，1997—2001年，全国商品交易市场成交额年均增长11.3%(表4-6)，到2001年全国商品交易市场实现成交额2.5万亿元，约是1985年的40倍。商品交易市场集约化程度不断提高，2001年全国共有亿元以上商品交易市场3273个，涉及纺织品服装、食品饮料、家具、机动车、金属材料、煤炭、木材、粮油、蔬菜、水产品、农业生产资料等20多个行业，占全部市场总数的3.8%，但是实现成交额1.8万亿元，占到全部成交额的72%。其中，专业性市场成为商品流通领域的一支生力军，义乌小商品市场、福建省石狮服装市场、成都荷花池市场等交易市场年交易额均达到几亿甚至上百亿元。

表4-6　1997—2001年我国商品交易市场成交额增长率

项目	1997	1998	1999	2000	2001
商品交易市场成交额（%）	18.6	13.8	9.4	11.8	2.8
城市市场成交额（%）	20.1	16.6	11.6	12.0	3.8
农村市场成交额（%）	16.8	10.5	6.7	11.7	1.4

与此同时，随着现货交易市场的发育成熟，一批商品期货市场崭露头角，推动了商品市场体系进一步完善。1990年10月12日，中国郑州粮食批发市场开业，并于1991年月22日签订了第一份远期合同，1993年5月正式推出标准化期货合约交易。此后，期货市场出现了盲目发展势头，交易品种过滥过乱，经过1993—1995年、1996—2000年的两次整顿，中国证监会把33家期货交易所压缩合并为大连、郑州、上海3家期货交易所，将57个商品期货品种压缩到12个，中国期货业协会成立，正常经营的期货经纪公司为178家。

四、深化流通业市场化改革阶段（2002—2012年）

党的十六大以前，我国流通体制改革取向鲜明、针对性强，市场化的发展路径清晰，改革的主要对象是缺乏活力的、高度集中的计划经济体制，重点致力于所有制结构、价格形成机制、管理体制以及经营机制方面的改革，改革的路径是先"放权"后"改制"，先"双轨"后"并轨"，初步形成了同社会主义市场经济相适应的现代流通体系。

然而，这种流通体系还有很多不完善的地方。一方面，长期以来我国更侧重于城市建设和城市商品流通业的发展，相对忽视农村商品流通体系的建立，广大农村地区普遍出现农产品商品化率低、农资供应不畅、生活消费低迷的现象；另一方面，与建立现代流通体系相适应的行业管理体制还不健全，包括机构设置、部门职能及有关的法律法规还需要及时做出调整。

2002年，党的十六大提出"建成完善的社会主义市场经济体制和更具活力、更加开放的经济体系"，按照这一目标要求，流通领域开展了一系列卓有成效的改革实践，初步形成了具有中国特色的现代流通体系。

(一)加快流通业管理体制改革力度

1. 优化机构设施和职能配置

2003年,在加入世贸组织的大背景下,我国开展了新一轮新政机构改革,为适应内外贸融合发展的现实需要,用好"两个市场、两种资源",政府撤销了国家经贸委、外经贸部,组建商务部,同时管理国内外贸易和国际经济合作,打破了我国内外贸分割管理近50年的局面。同时,为配合新形势下行业管理的需要,加快流通业管理部门职能转变,进一步明晰政府和市场的边界,新成立的商务部的职能包括流通发展战略、发展规划、产业政策、行业标准的制定和组织实施,拟定规范市场运行、流通秩序和打破市场垄断与地区封锁的政策,市场运行和商品供求状况监测分析,组织实施重要消费品市场调控和重要生产资料流通管理。

2. 构建现代流通体系法律基本框架

商务部组建以后,为推进流通管理法制化进程,着力清理了一批与现代流通体系不匹配的法规和规范性文件,共清理了1988年以来商业部、物资部、国内贸易部(局)、国家经贸委发布的关于市场流通业的法律文件1000余件,重点清理了1993年以来发布的法律文件495件,分两批废止不适应当前市场流通形式的法律文件110件。

在此基础上,我国流通领域的法律法规加快了建立健全进程。2005年6月9日,国务院在《关于促进流通业发展的若干意见》中提出"要从建立和完善统一开放、竞争有序的现代市场体系出发,按照依法行政和实现对全社会流通业统一管理的要求,借鉴发达国家流通业立法经验,结合我国丰富的流通业实践,加快修订和研究制定规范商品流通活动、流通主体、市场行为、市场调控和管理等方面的法律法规和行政规章"。商务部在广泛调查研究的基础上形成了市场流通法律体系框架,确立了以《市场流通基本法》为基础的市场主体法律制度、市场行为法律制度、市场秩序法律制度、市场监测调控与管理法律制度、商业信用信息法律制度"五大支柱"。此后,先后颁布了《电子签名法》《拍卖法》《直销管理条例》《商业特许经营管理条例》《反垄断法》《二手车流通管理办法》《外商投资商业领域管理办法》《汽车品牌销售管理办法》《酒类流通管理办法》《零售商促销行为管理办法》《零售商供应商公平交易管理办法》《成品油市场管理暂行办法》等一批重点法律法规和部门规章。

3. 提高市场运行调控能力

为夯实流通主管部门调节市场、制定产业政策的基础，2004年商务部发布了《关于加强重要商品市场运行监测工作的指导意见》，重点对市场运行规模、市场运行质量、消费结构、商业网点布局、重要商品供求及价格、重点企业发展状况、流通现代化水平、企业组织化程度开展监测。2005年，商务主管部门完善了生活必需品、重要生产资料、重点流通企业和特殊内贸行业管理四个直报监测系统，新建了社会信息搜索、专项调查、专家评估三个间接监测系统和全国商品流通数据库形成了国内与国际、城市与农村、现货和期货密切相连的市场监测系统网络，并在此基础上创立了市场动态分析、市场专题分析、市场综合分析、商品供求分析、市场预警分析和宏观经济运行分析六大"信息品牌"，及时向社会发布市场供求信息，合理引导生产和消费。建立健全重要商品储备制度，肉类、食糖、边销茶、厂丝等重要商品的储备管理制度日益完善、储备操作日益规范、布局不断优化、储备监管不断加强，中央储备商品在应对突发事件保障市场供应、促进市场平稳运行和相关行业持续健康发展方面发挥了重要作用。

行业管理机构和职能为流通业的发展提供了良好的制度环境。2002—2012年，批发和零售业增加值从2002年的9995.4亿元增加到2012年的49831亿元，年均增长16.9%。

（二）统筹发展城乡现代流通体系

十六届三中全会把统筹城乡发展放在了完善社会主义市场经济体制目标的首要位置，提出了"建立有利于逐步改变城乡二元经济结构体制"的改革任务。作为构建城乡一体化发展的重要环节，农村流通体系也加快了改革发展的步伐。2004年，国务院办公厅发布了《关于进一步做好农村商品流通工作的意见》，要求搞活农产品流通，改善农村消费环境，建立健全农村消费品流通网络等，培育农村消费品市场，同时规范发展农业生产资料市场。2005年，商务部组织实施了以发展农村现代流通网络为主要内容的"万村千乡市场工程"，引导城市连锁店和超市等流通企业向农村延伸发展"农家店"，到2007年底，全国累计建成连锁农家店25万家，覆盖75%以上的县，直接扩大农村消费830多亿元，使3亿左右的农民直接受益，初步形成了以城区店为龙头、乡镇店为骨干、村级店为基础的农村现代流通网络，其工作重心在2010年从注重农家店建设数量向注重农村配送中心转变。2006年，商务部在全国组织实施"双百市场工程"，提出要着力提高农产品流通企业的现代化水平，升级改造农产品批发市场，到 2009 年，全国经超市销售的农产品为 30% 左右。同年 5 月，商务部批准发布《农家店建设与改造规范》，进一步促进和加强了农产品现代流通体系的建设。2010 年，商务部印发《关于开展农产品现代流通试点的通知》，通过加强农产品流通基础设施建设、打造现代化农产品流通链条和推行农产品品牌化和包装化等主要任务，力争在 3～5 年内初步建成高效、畅通、安全的农产品现代流通体系。

五、流通业改革发展的新常态阶段（2013 年至今）

2013 年 12 月 10 日，在中央经济工作会议的讲话上，习近平总书记首次提出"新常态"的概念，此后，习总书记多次在讲话中阐述了"新常态"的内涵。中国经济进入新常态的主要特点有以下几个：经济增长从高速转为中高速，结构不断优化升级，从要素驱动、投资驱动转向创新驱动。这反映到流通领域中就表现为社会消费品零售总额增速进一步趋缓，流通新技术、新业态、新模式不断涌现，电子商务对实体零售的冲击愈演愈烈，同时流通管理体制面临新挑战。

为回应新常态下流通领域出现的新变化，近年来，在党中央、国务院的统一部署下，各地各部门制定了一系列行之有效的工作举措，一些好做法、好经验脱颖而出，为推进内贸流通业现代化夯实了基础。

（一）持续完善扩大消费的政策体系

消费增速放缓是流通业步入新常态的重要特征之一。随着中国经济发展进入新常态，模仿型、排浪式消费阶段基本结束，彩电、冰箱、汽车等大部分产品的家庭拥有比率已经较高，过去消费增长快的领域增速逐步放缓，个性化、多样化消费渐成主流，信息消费、绿色消费、服务消费等新兴消费亮点纷呈。然而，消费增长的动能转换又需要一个相对较长的过程，消费增速客观上会呈现出整体放缓的趋势。

为稳定消费增长，更好地发挥消费在经济增长中的重要作用，2013 年的政府工作报告提出，将扩大内需作为长期发展战略，商务部办公厅先后发布《关于做好 2014 年商务领域扩大消费工作的意见》《关于做好 2015 年扩大消费工作的通知》，从促进便利实惠消费、扩大服务消费、促进放心安全消费、促进新兴热点消费、促进绿色循环消费等方面明确了重点工作任务。2016 年，商务部等 13 部门联合发布《关于开展加快内贸流通创新推动供给侧结构性改革扩大消费专项行动的意见》，提出在两年内积极开展扩大消费专项行动，通过汇聚政府部门力量，重拳出击，集中整治一批侵害消费者权益的市场秩序问题，解决一批制约消费的深层次体制机制问题，形成一批可复制可推广的改革创新经验，推动了促消费工作的落实。同年，国务院办公厅印发《关于进一步扩大旅游文化体育健康养老教育培训等领域消费的意见》，围绕旅游、文化、体育、健康、养老、教育培训等重点领域，引导社会资本加大投入力度，通过提升服务品质、增加服务供给，不断释放潜在消费需求。2017年，商务部办公厅印发《2017年加快内贸流通创新推动供给侧结构性改革扩大消费专项行动实施方案》，进一步提出了2017年深入实施扩大消费专项行动的具体工作安排。

（二）加快实体零售创新转型

我国实体商业历经数十年的改革发展，取得了显著的发展成就，经过数十年的改革历程国内成长起了一批零售企业集团，市场集中度快速提升，北京、上海、深圳、武汉、南京等部分城市零售企业的市场占有率已经超过30%，发展了购物中心、超市、便利店、折扣店、专业店等十几种业态类型，呈现出百花齐放、百业竞争的态势。

然而，我国实体零售仍然面临网点布局疏密不均、供给能力和供给水平不高等诸多显而易见的问题。电子商务以其时间和空间的巨大优势，迅速弥补了实体商业的不足，表现出"爆发式"增长的态势，给实体商业带来较大的发展压力，从目前的情况来看，这种冲击将会持久化。

针对当前一个阶段实体零售暴露出的发展方式粗放、有效供给不足、运行效率不高等突出问题，为适应经济发展新常态，推动实体零售创新转型，释放发展活力，增强发展动力，2016年国务院办公厅印发《关于推动实体零售创新转型的意见》（以下简称《意见》），《意见》从调整商业结构、创新发展方式、促进跨界融合三个方面明确了创新转型的9项主要任务。在调整商业结构方面，坚持盘活存量与优化增量、淘汰落后与培育新动能并举，推动实体零售调整区域结构、调整业态结构、调整商品结构，满足居民消费结构升级需要。在创新发展方式方面，鼓励企业创新经营机制、创新组织形式、创新服务体验，推动实体零售补短板、增优势，提高核心竞争力。在促进跨界融合方面，促进线上线下融合，促进多领域协同，促进内外贸一体化，通过融合协同构建零售新格局。《意见》从优化发展环境、强化政策支持两个方面提出了7类促进实体零售创新转型的政策举措。

一是加强网点规划。以市场化方式盘活现有商业设施资源，优化网点布局，降低商铺租金。

二是推进简政放权。放宽对店铺装潢、店内改造、户外营销的限制，支持连锁企业设立非企业法人门店和配送中心，完善城市配送车辆通行制度。

三是促进公平竞争。加快构建生产与流通领域协同、线上与线下一体的监管体系，建立覆盖线上线下的守信联合激励和失信联合惩戒机制，切实保障公平竞争。

四是完善公共服务。开展实体零售提质增效专项行动，构建反映零售业发展环境的评价指标体系，建设商务公共服务云平台。

五是减轻企业税费负担。营造线上线下企业公平竞争的税收环境，落实好总分支机构汇总纳税、研发费用加计扣除、取消发票工本费等税费支持政策，继续推进电价、刷卡费定价机制改革。

六是加强财政金融支持。鼓励设立投资基金，加大对新技术、新业态、新模式的投入，将消费金融公司试点推广至全国，采用多种方式满足企业在线支付业务需求。

七是充分发挥试点示范带动作用。鼓励内贸流通体制改革、划定综合试点城市，突破体制机制障碍，开展智慧商店、智慧商圈示范创建工作，示范引领创新转型。

（三）大力开展内贸流通体制改革试点

作为改革开放相对较早的行业，流通管理体制可以说是进行了大刀阔斧的改革，政府对市场不必要的干预基本上被消除，但是也面临放得太快、太多的困境，面对一些新问题可供解决的手段不足。

针对流通领域亟待解决的系列问题，在党中央国务院统一部署下，行业主管部门开始了新一轮流通体制机制改革的探索。2015年8月26日，国务院印发《关于推进国内贸易流通现代化建设法治化营商环境的意见》，提出了到2020年基本形成规则健全、统一开放、竞争有序、监管有力、畅通高效的内贸流通体系和比较完善的法治化营商环境，内贸流通统一开放、创新驱动、稳定运行、规范有序、协调高效的体制机制更加完善的发展目标。其中还明确了健全内贸流通统一开放的发展体系、提升内贸流通创新驱动水平、增强内贸流通稳定运行的保障能力、健全内贸流通规范有序的规制体系和健全内贸流通协调高效的管理体制五方面的重点工作。同年，国务院办公厅发布公告，同意在上海、南京、郑州、广州、成都、厦门、青岛、黄石和义乌九个城市进行国内贸易流通体制改革发展综合试点，试点期结束之后，试点城市在建立创新驱动的流通业发展机制、建设法制化营商环境、建立流通业基础设施的发展模式、健全统一高效的流通管理体制四个方面形成了37条可复制推广的经验，2017年由商务部等九部门下发《关于复制推广国内贸易流通体制改革发展综合试点经验的通知》，在全国范围内推广以上城市的经验做法。

（四）加快流通领域"补短板"

目前，我国流通领域持续暴露出一些发展短板，如物流成本居高不下、汽车流通体制滞后于市场的现实需要等。与此同时，随着云计算、大数据、物联网、移动互联网等新一代信息技术的渗透率不断提高，以连锁经营、物流配送、电子商务为代表的现代流通方式继续快速推进，新型流通行业不断涌现，服务领域持续拓展，线上线下边界更加模糊，这些都对政策制定的适应性和灵活性提出了更高的要求，带来了更多的挑战。

近年来，流通行业主管部门以问题为导向在补齐发展短板，促进流通业高质量发展方面做了大量工作。例如，深入以托盘为抓手的商贸物流标准化工作，自2014年起，商务部、财政部、国家标准委开展商贸物流标准化专项行动和物流标准化试点，截至2017年底，1.2m×1m标准托盘市场占比为28%左右，较2016年底提高1个百分点，重点商贸物流领域托盘标准化率达到65%；又如为促进线上线下融合发展，推进电子商务进社区、进农村，支持云计算大数据、互联网、物联网等技术在流通领域应用，深入实施"互联网+流通"行动计划，2017年我国网络零售额从2013年的1.8万亿元猛增到7.2万亿元，我国跃升成为全球第一网络零售大国。

第二节 流通业发展方式转变的意义

依据国家加快转变经济发展方式的方针和要求，有关部门必须努力加快转变商贸流通业发展方式，继续提高商贸流通业竞争力和发展的效益，从而为转变经济发展方式做出贡献。这是扩大消费、拉动内需、应对后金融危机环境下的经济环境挑战的需求，也是落实国家积极推进城镇化战略部署的需求，还是搞活农村流通体系、加强"三农"发展战略的需求，更是我国适应全球需求结构的重大变化，实现全面建设小康社会奋斗目标、建立和谐社会的需求。

一、符合经济发展方式转变的必然需求

随着我国社会主义市场经济体制功能的不断完善，商贸流通业在经济体系中的地位日益突出，它不仅是连接消费与生产的纽带和桥梁，而且还直接创造了社会财富，拉动了经济增长，造福于民。总之，流通发展方式转变势在必行。

二、符合建设中国特色新型工业化的必然需求

在我国，专门为生产性服务的专业化商贸流通业和直接面向民生的商贸流通业的区别在于，前者的发展水平相对落后，进而影响了工业发展的现代化、规模化和集约化水平。通过商贸流通业发展方式转变，拓宽其领域、增强其功能、优化其结构，努力提高专业化商贸流通业的供给能力和水平，从而进一步促进我国新型工业化的快速发展。

三、符合后金融危机环境下扩大内需的必然需求

在全球需求结构历经重大调整的状况下，我们一直以来坚持扩大发展国内需求特别是消费需求的措施导向。但是我国经济高度依赖国际市场，经济增长中消费率偏低、投资率偏高的现象突出。基于此，政府必须努力发展现代化的商贸流通业，进一步推动商贸流通业发展方式转变，以达到完善消费环境，实现消费升级，扩大消费领域，以达到提高消费需求的目的。

四、符合商贸流通业解决自身发展矛盾的必然需求

目前，我国商贸流通业由传统的流通系统逐渐向市场经济条件下的流通体系转化，但是流通的环境、方式、主体、体系等都尚未发展完善成熟，这也使得流通在促进社会和经济发展中的作用难以得到有效发挥。在当前我国转变经济发展方式的大好机遇下，转变商贸流通业发展方式，逐渐提升我国流通企业的国际竞争力，缩小同发达国家的差距就成了当务之急。

第三节 流通业发展方式转变的目标与原则

适宜的商贸流通业发展方式所应具有的性质及特征不是固定不变的，而是与商贸流通业发展所处的阶段和商贸流通业的发展环境高度相关的。也就是说，商贸流通业发展方式没有最终形态，在不同的发展阶段和不同的发展环境下，由于工业化、城镇化及商业经济发展的首要任务和推进的条件不同，商贸流通业发展的路径和手段也就不同。我们所要努力形成的商贸流通业发展方式应是与我国的工业化和城镇化进程相一致、与商贸流通业发展规划一致及与我国现代化所处的国内外发展环境相适应的，是一个全面、协调、高效、普惠、可持续和应变能力强的商贸流通业发展方式。

一、商贸流通业发展方式转变的目标

(一)第一个阶段

在这一阶段要突出重点,着力消除制约商贸流通业发展方式转变的深层体制性因素,努力构建支撑科学发展和可持续发展的体制机制,使商贸流通业发展方式转变取得实质性进展,使商贸流通业发展方式面临的突出矛盾得到明显缓解,为在下一阶段实现商贸流通业发展方式的根本性转变奠定良好基础。该阶段具体目标如下。

1. 创新商品流通模式

先进的商品流通模式是现代流通体系的重要组成部分,也是我国流通企业和国外商业竞争对手的主要差距所在。政府要继续实行以连锁经营、物流配送、电子商务等为主要内容的流通现代化,并及时地掌握国际流通业新技术,争取赶超国外商业竞争对手。具体应做到以下几点:第一,把电子商务作为发展现代营销方式的优先领域,依托互联网、物联网等现代信息技术,积极鼓励网络销售、移动电子商务、社区电子商务等新型商业经济模式的发展,并通过支持第三方电子商务平台建设,逐步完善商业交易的规则;第二,加快大型交易市场的升级改造,充分利用现代信息技术和网络技术,大力完善信息交流、价格发现、商品展示、融资担保、物流仓储等功能,同时要积极创新大宗商品交易模式,培育出交易规则规范化、交易设施现代化的大型商品交易中心;第三,大力发展由销售终端向整个流通环节拓展的商贸物流,在重要的商品集散地规划和建设现代商贸物流园区,尤其是要加强鲜活农产品冷链体系建设,逐步形成产地预冷、保鲜运输、冷藏储存、低温销售的全过程冷链体系。

2. 扩大城乡消费水平

近几年,在刺激消费政策退出、价格明显上涨等多重因素的共同作用下,目前我国的消费增长势头不容乐观。2011年消费品零售总额名义增长了17.1%,但扣除价格因素后实际增长只有11.6%,是2005年以来的最低的增长水平,和2010年(实际增长14.8%)、2009年(实际增长15.5%)相比,增幅出现明显回落。对于这种状况,依据商贸流通业的职能,其在未来应具体做到以下几点。

第一,发展新的消费热点。受消费习惯和经济发展水平的影响,我国居民消费主要是商品消费,其比重为约80%,而文化、娱乐、教育、医疗消费等服务性消费比重相对比较低。因此,服务消费应成为扩大消费需求的热点和重点,以不断适应国家提倡发展服务业的需要。

第二，研究不同消费群体的需求。努力发掘不同消费群体的需求，适应多元化消费的必然发展趋势，进一步细分市场。例如，当前 80 后、90 后、银发市场的消费观念已经发生了重大变化，人们应认真研究并适应他们的不同市场需求。

第三，继续深入探讨。政府应通过积极的财政政策刺激消费，总结前几年"家电下乡"和"以旧换新"政策的经验，研究制定出新的替代接续政策。同时，研究节能环保产品的消费扶持政策，构建资源节约、环境友好的消费新模式。

第四，扩大进口商品销售。有关部门要不断扩大进口商品的销售，以满足日益扩大的消费需求，减少贸易顺差及其影响，为了真正做到让利于民，除了国家关税政策以外，有关部门也要研究国内进口消费品销售渠道垄断等问题。

3. 完善商品流通体系

改革开放以来，我国商品市场供需发展势头良好，虽然计划经济的流通体系已被打破，但市场经济的商品流通体系还不够完善，诸多关于流通的问题都有政策性、体制性的因素，导致商品市场供求波动较大，因此政府必须要逐步建立安全、可控、高效、有序的现代商品流通体系，具体应做到以下几点。

第一，强化商业网点规划的管理。目前，我国许多城市中心区域的大型商业设施重复建设的问题严重突出，但农村和城镇社区尤其是新建居民区的商业网点设施却严重不足。因此，我们要不断学习借鉴发达国家经验，进行严格的商业规划管理政策，大型商业设施必须依照规划实行市场准入制度。

第二，认真落实国家关于加强鲜活农产品流通体系建设的政策，不断增加财政投入，通过产权回购回租、投资入股、公建配套等方式，新建和改造一些农产品批发市场、农贸市场和蔬菜市场，并适当免征农产品流通环节增值税。

第三，继续完善工业品的批发体系，积极培育专业批发商、代理商，鼓励大型的连锁企业扩大采购功能，同时也要改造、提升、完善现有的工业品批发市场体系，重点加强商品质量保障、物流配送、交易结算、知识产权保护等功能，带动相关产业的发展。

4. 保证商品供应充足

当前商品价格上涨已经严重地影响了市场供应情况，直接影响到人民生活，成为影响社会稳定的重要因素之一，尤其是农产品价格持续上涨将是主要趋势。因此，稳定商品供应将成为长时间内商贸流通业发展方式转变的重要目标之一。要稳定商品供应就要做到以下几点。

第一,加强政府监测。政府通过发布公开信息,让消费者、生产者和流通企业及时了解价格走势,特别是菜、肉、油等生活必需品的价格,以达到指导生产、引导消费需求、调节购销的目的。

第二,完善商品储备,建立应急调控的机制。努力扩大储备肉、储备油等重要商品的储备数量,对部分耐储的商品进行季节性储备,确保各地区的储备商品数量和品种尽早达到国家的要求。同时,应建立应急商品生产、储备、库存及销售网络信息库,使实物储备与产能储备互为补充,以保证充足的生活必需品采购量。

5. 商品市场的秩序性和条理性

2003年商务部曾设立了全国打击制售假冒伪劣商品和侵犯知识产权领导小组办公室,一直到2008年停办,但是2010年又重新设立,这种现象已经足够说明市场秩序问题的严重性,所以规范市场秩序已经成为当前的重要任务,具体做法有以下几点。

第一,严厉打击侵权和假冒行为,积极推进商业诚信体系建设。健全相关法律法规,加大司法打击力度,推进行政执法与刑事司法的有效衔接。

第二,大力规范整顿市场秩序,打破地区封锁壁垒,严厉打击商业欺诈、不正当竞争等违法行为,规范商业企业的交易行为。

第三,加强商品的质量安全管理,逐步建立肉、菜等生活必需品的流通追溯体系,严厉打击私屠滥宰等违法犯罪行为。

(二)第二个阶段

全面部署,统筹推进,政府应通过进一步完善流通体制机制及改革,从根本上消除制约商贸流通业科学发展和可持续发展的体制及政策因素,基本形成与我国经济发展阶段和国内外发展环境相适应、全面、协调、普惠、高效、可持续和应变能力强的商贸流通业发展方式,以便对未来经济发展方式转变的进一步深入提供支持和帮助。

二、商贸流通业发展方式转变的原则

通过不同时间序列上商贸流通业发展方式转变的综合得分我们可以看出,2005年以前我国商贸流通业发展方式转变成效不是很好,但在近几年商贸流通业发展方式转变呈现良好的发展态势。尽管如此,流通业发展仍存在一些严重弊端和不足。因此,在保持近期和长远目标的前提下,政府还应参照我国现有的国情和经济发展方式转变的要求,在遵循一定原则的情况下确保商贸流通业发展方式转变顺利。

（一）遵循全面发展的原则

在新时期新阶段，我国的流通现代化应是包括人的发展在内的、全面发展的现代化，而不应再是过去那种过于偏重商业经济增长的现代化。因此，建立新的商贸流通业发展方式也有助于流通经济建设、流通文化建设、社会建设、生态建设的全面推进。

（二）遵循协调发展的原则

商贸流通业发展方式转变的各个方面都是一个有机的整体，只有协调各方面的发展，才能保证流通发展方式转变持续推进。不仅流通发展方式转变的各个方面要协调发展，各方面内部的不同部分之间也要协调发展。同时，新的流通发展方式还应有助于商贸流通业内部结构优化及商业经济与社会、商业经济与自然的协调发展。

（三）遵循高效发展的原则

商贸流通业高效发展是指在相同约束条件下实现更多产出的发展，它不仅有助于加快商贸流通业发展，而且有助于增强商贸流通业发展的持续性。商贸流通业要高效率地发展，是我国自然资源禀赋水平较低，工业化、城镇化、商品市场城乡一体化尚未完成这一基本国情所决定的，也是当前和今后相当长的一段时期内，围绕全球资源紧缺而展开的、日趋激烈的国际竞争这一基本趋势所决定的。要实现商贸流通业的高效发展，除努力提高商业资源的利用效率外，还要着力提高商业资本和人力资源等的利用效率。同时，新的商贸流通业发展方式还要有利于优化商业资源和要素在行业、区域、城乡之间的配置，提高商业资源配置效率。

（四）遵循普惠发展的原则

"让一部分人通过诚实的劳动和合法的经营先富起来"的政策已经实施了几十年，让全体人民共享经济发展的成果已成为全社会的共识。这不仅是满足广大人民新期待的需要，也是扩大国内需求、释放经济发展潜力和成果、保持商贸流通业发展连续性的必然要求。因此，新的商贸流通业发展方式要有助于各地区和各阶层人们共享发展的果实。

（五）遵循可持续发展的原则

全球各国的发展经验已经表明，保持发展的可持续性至关重要。当前，我国人民生活已总体上达到小康水平,商贸流通业作为经济社会重要的组成部分,保持发展的持续性,就成了新时期我国商贸流通业发展方式转变的突出任务。这就要求政府既要将商贸流通业发展保持在资源环境可承载的范围之内,又要通过技术不断进步及体制不断创新,为商贸流通业发展提供源源不竭的动力。

(六)遵循快速应变发展的原则

商贸流通业发展方式是在一定历史和技术条件下的产物,条件变了,发展方式也要随之调整,否则就会产生一系列的经济和社会问题。这已经被我国的经济发展历程和世界其他国家的发展历程所证实。同时,新的商贸流通业发展方式要具有随着国内外经济条件和经济环境变化进行自我调整和优化的能力。

第五章　基于流通业持续发展的制度与环境的优化

本章从现代产权制度的角度进行研究,分析产业制度对商贸流通业发展的支撑和推动作用,进而揭示中国现行产权制度的缺陷,提出深化改革,构建能够使商贸流通业充满生机活力的现代产权制度的路径和措施。

第一节　现代产权制度的构建与作用

一、现代产权制度概述

(一)产权定义

现代产权理论把产权定义为:以资产所有权为基础和核心权能,包括使用权、收益权和处置权在内的各项权能的集合,能够使自己或他人在经济利益上受益或受损的权利。资产所有权(简称所有权)是法律确认的经济主体对自身拥有资产的权利,其核心权能是资产的最终归属权和收益权。资产所有者及其代理人凭借资产所有权可以依法对资产享有使用、收益和处置各项权能,或使用资产从事使自己或他人受益或受损的经济活动,由此构成一个完整的产权系统。资产所有权是产权系统的基础和核心权能,它关注的重点是资产的最终归属(由谁占有)和收益;而使用权、收益权和处置权则是在资产所有权基础上派生出来的权能,如何运用它们,取决于资产所有者的意愿,比如所有者出资创建股份公司,成为股东,获取股权收益,所出资金则形成法人财产,归公司支配使用,由此形成了所有权与经营权相分离的现代公司制度,解决了有资产者不善经营企业,善经营企业者无资产创办企业的矛盾,提高了资产运营效率,增加了人们的收益。

（二）产权的标的与主体

我国市场经济的深化改革和发展，使产权标的（客体）的涵盖面不断扩大，大体上形成了六种类型：①财产类标的，如房屋、汽车、各种家具器物等；②资源类标的，如矿产、森林、土地等；③商品类标的，如各种生活资料、生产资料商品和服务等；④企业资产类标的，如商标、股票、债券、资金、经营权、营业设施等；⑤知识技术类标的，如专利技术、专用信息、著作权等；⑥权利类标的，如用水权、排污权、期货期权、土地使用权等。产权标的的主要功能是用来开展生产经营活动，或者交易转让。

产权主体大体上有以下四种类型：①个人或家庭，如个体工商业者、作为农业生产组织的农民家庭；②企业，包括私人企业、合伙制企业、国有独资企业、股份制企业和集体所有制企业等；③社团组织，如各种基金会、学会、协会等；④国家权力机关，如各级政府。

产权主体的基本特征是其具有经济实体性质。它们必须拥有一定数量的资产（该资产的法定最终归属权不一定由该实体拥有）作为其开展生产经营活动的依据和手段。它们必须有独立的经济利益，并直接参加营利性的经济活动。因此，在上述四类主体中，凡不从事营利性经济活动的（如一些个人、家庭、学会、协会和政府等），都不是实质上的产权主体，尽管它们拥有资产，只有当它们把自己拥有的资产用于营利性经济活动时才能成为实质上的产权主体。需要特别说明，中国法律规定，各级政府机关是相应层次上国有资产所有者委托的代理人，由他们代表所有者行使国有资产所有权。但是，法律同时规定，政府机关不能从事营利性经济活动。于是便形成了政府机关掌握国有资产最终归属权和收益权，而把管理权和经营权（使用权和一定程度的处置权）授予国有控股公司和独资公司，由他们具体管理和经营的体制。

（三）产权界定与产权类型

1. 产权界定

产权界定是指把产权的一些权能赋予不同的行动团体。产权界定的方式主要有法律手段、行政手段、交易和协商四种。法律手段和行政手段主要用于对初始产权的界定，比如中国法律规定国有资产归全体公民所有，由政府代行所有者权利；农村土地所有权归乡村农民集体所有，而使用权归农民家庭等，这些就是用法律手段对国有资产和农村土地产权行使方式作初始界定。又比如，中国政府环保机关正在划分和确定企业的允许排污量，水利管理机关正在划分和确定江河湖泊沿岸城镇乡村的取水量和用水量等,这些就是用行政手段对排污权和取用水权作初始界定。准确而清晰地界定初始产权是产权交易和转让的基础与必要前提条件。没有确定主体和清晰边界的产权是不能参加交易和转让的,否则会造成混乱。在初始产权得到清晰界定的基础上,产权主体可以通过交易或协商方式,授予或转让产权的某些权能。例如,股份制企业的董事会可以按照公司章程,在协商一致基础上,把经营权授予经理层;专利所有者可以有偿地把专利使用权转让给他人;企业可以把节省下来的取水量、排污量有偿转让给别的企业,等等。

2. 产权类型

初始界定形成了4种最基本的初始产权形态:①私人产权,产权主体是个人和家庭,他们享有产权全部权能,独自行使经营决策权;②企业产权,产权主体是企业创始人或法人,由他们行使经营决策权,如私人企业、合伙企业由创始人行使经营决策权;股份公司则由股东、董事会和经理层分别行使最终所有权、决策权和日常经营权等;③社团产权,产权主体是社团组织,产权由全体成员共同拥有,不能在成员之间分割,产权行使方式为:全体成员协商一致作出决策,委托经营管理者执行;④国有产权,产权主体是全体公民,由政府代表他们行使所有权,由于法律规定政府机关不得直接从事生产经营活动,因此政府机关通常都把国有资产委托给资产管理公司或企业具体管理和经营。

对产权的初始界定并不一定能够形成优化配置,因为有可能发生拥有者不使用,使用者不拥有问题,所以通过分解为双层产权形态,或者市场交易,让产权自由流动、重新组合,是改善产权配置状况,优化配置的必由之路。经济关系的拓展和深化导致前述4种初始产权形态在运营中分解为公司制,以及租赁、承包和特许加盟两类双层产权形态。

现代公司制度确立了公司法人产权,使企业产权分解成为出资者所有权和公司法人产权:出资者成为股东,拥有最终决策权和收益权;公司法人拥有并行使日常经营管理权。这种双层产权体系成功地解决了有资产者不善经营、善经营者无资产的矛盾,使出资者和职业经理人各归其位、各展所长,形成合力,推动企业发展壮大。

随着租赁、承包和特许加盟等经营形式出现,一些经营性资产的初始产权也分解成为所有者掌握资产最终归属权和收益权,而把机具设备、经营设施、企业资产、企业名称等产权标的一定期限内的使用权有偿让渡给承租人、承包人和加盟者的形式。这种双层产权体系,优化了配置,提高了资产运营效率。

4种初始产权形态及其派生出来的两类双层产权形态,共同组成了支撑市场经济运行发展的现代产权体系。由此可见,双层分解、自主转让、自由流动、优化组合是现代产权制度的基本特征。

(四)现代产权制度的体系结构和基本类型

制度经济学认为,制度优劣决定了经济活动效率高低。先进的产权制度能够把产权运作中的负外部性问题(如搭便车、失信违约等机会主义行为)内在化,强化激励约束机制,抑制道德风险,节约交易费用和监督成本。

1. 现代产权制度的体系结构

产权制度是指对财产所有权作初始界定并以它为基础对资产进行有效组合和配置的一系列制度安排。在经济社会发展过程中,推动产权制度变革的主要经济社会因素有财产关系及所有制性质变革、企业组织形态变革、市场经济的发育和成熟程度等。它们的综合作用使产权制度不断变革,形成了适应市场经济运行发展需要,由财产权制度、资产经营产权制度和企业产权制度三大基本类型及其11个分类型和有关法律规范组成的体系结构,如表5-1所示。

表5-1 产权制度总体结构:类型、特征和作用

类型		法律规范	特征	作用
财产权制度	私人财产权制度	《物权法》,以及其他关于私人、集体和国有财产权等法律规范	法律确认财产所有者及其权利边界;私人财产和公有财产权受到法律平等保护	确定标的、所有者和监护人,为商品交易和流通奠定产权制度基础,并且派生出资产经营产权制度和企业产权制度,支撑经济运行和发展
	国有财产权制度			
	集体和社团财产权制度			
资产经营产权制度	租赁经营产权制度	租赁经营、承包经营、特许经营等法律规范	资产所有权与使用权、经营权在契约规定的期限内分离,按契约规定运作	优化资产配置,提高资产运营效率
	承包经营产权制度			
	特许经营产权制度			

续表

类型		法律规范	特征	作用
企业产权制度	私人企业产权制度	《企业法》等规范	企业主自主决策并直接管理	监督管理费用低,适用于小型商贸流通企业
	合伙制企业产权制度	《企业法》等规范	合伙人共同行使产权,共同经营管理	能增大企业资产投入量,适用于中小型商贸流通企业
	股份制企业产权制度	《公司法》等规范	出资者所有权(股权)与公司法人产权(经营权)分离,按照《公司法》运作	解决了有资产者不善经营,善经营者无资产的矛盾,形成激励相容机制,推动公司做大做强,适用于大型商贸流通企业
	国有独资企业产权制度	《企业法》和国有资产法律规范	全体民众委托政府代行所有者权利,政府再委托公司和企业具体经营管理。国有独资企业,按双层委托—代理体制运作	有利于政府对特殊行业和企业进行直接管理,保证国家经济安全
	工厂制企业产权制度	计划经济时期法律和政策规范	企业经营活动听从政府主管机关指挥和安排	已随计划经济解体而消亡

2. 现代产权制度的基本类型

(1) 财产权制度

财产权制度是产权体系的基石。财产权制度是界定财产所有者及其权利边界,确立财产转让规则的制度的总称。财产产权制度是人类社会最古老的基础性产权制度,有私人财产权制度、国有财产权制度、集体和社团财产权制度三种类型,是现代产权制度的基石。其中,私人财产权制度,又是其他两种财产权制度的基石。

①私人财产权制度。随着原始公社解体,私人产权制度得以确立。其最大优点是,财产所有者具体而明确、权利边界清晰,从而构建了强大的激励机制,促使所有者追求财产保值增值,同时产生强硬约束机制,迫使财产所有者讲求诚信,尊重他人财产和权利,养成信守承诺的习惯。

②国有财产权制度。在社会发展进程中,为了维持国家和政府机构运转及为居民提供公共服务,政府建立了公共财政,形成了国有财产及其产权制度。国有财产权,必须在严格监管下运作,否则很容易产生腐败和低效率问题。

③集体和社团财产权制度。随着集体和社团组织兴起,集体和社团财产权制度也逐步形成。其有效运作也依赖于组织内部的民主管理和严格的外部监管,否则也容易产生腐败和低效率。

这3种财产权制度,构成了产权制度体系的基石,派生出了资产经营产权制度和企业产权制度,共同支撑着经济社会运行和发展。

改革开放前,我国曾经把社会弊端的根源归结于个人财产所产生的私有观念,对其予以限制甚至取缔。实践证明,缺少了个人财产这块基石就很容易形成"大锅饭"和平均主义,导致激励约束机制缺失、劳动生产率下降,而且容易诱发随意侵犯他人财产权利的恶劣风气,使失信行为蔓延。改革开放后我国重建了居民个人财产制度,并且制定了保护个人财产的法律条文。经过长期积累,我国城乡居民及家庭拥有了银行存款、房产、汽车等个人财产。它们激励着人们更加勤奋地工作,创造更多个人财富和社会财富。

(2)资产经营产权制度

资产经营产权制度是提高资产配置效果和运营效率的利器。资产经营是指用资产从事营利性经营活动。在现实社会中,存在着一部分人占有资产不善经营或无力经营,另一部分人善经营或有能力经营却无资产可支配的矛盾。为了解决这个矛盾,提高资产配置效果和运营效率,人们在财产所有权的基础上创造出了资产租赁经营、承包经营和特许经营等新的产权运作制度。其共同特点是,在契约规定的期限内,资产所有权与使用权或经营权相分离。一方面,承包人和特许经营者支付一定费用后,获得了一定期限内使用或经营资产为自身谋取收益的权利;另一方面,资产所有者——出租人、发包人和特许方,通过让渡一定期限内的资产使用权和经营权获得相应收益。在这种制度下双方各得其所,资产配置得到优化,运营效率提高。此类产权制度扩展了交易关系和市场范围,推动了商贸流通业发展。

(3)企业产权制度

企业产权制度企业发育成长的摇篮。人类社会演进过程中先后产生了以下5种不同类型的企业产权制度。

①私人独资企业产权制度。其基本特征是,企业主是唯一出资人,拥有全部产权权能,直接管理企业。其优点是,经营管理一竿子插到底,监督费用低,发生机会主义行为的概率小。其缺点是,出资人承担无限责任,其未投入企业

的财产容易受到牵连；企业体制闭塞，不能面向社会融资和招聘经营者，难以做大做强。因而这种制度只适宜小型商贸流通企业初创时期。

②合伙制企业产权制度。其基本特征是，企业由合伙人共同出资创办，共同拥有企业财产并行使经营管理权。其优点是，合伙人共同出资，增加了企业资产投入量，并直接经营管理企业，监督费用低，发生机会主义行为的概率小。其缺点是，合伙人共同承担无限责任，未投入企业的财产容易受到牵连；企业体制闭塞，不能面向社会融资和聘任职业经理人；合伙人之间容易发生矛盾，产生内耗，故而企业难以做强做大。因而该制度仅适合志同道合者创办的中小型商贸流通企业。

③股份制企业产权制度。工业化进程中，规模扩张催生了现代公司制企业，形成了由出资者所有权（股权）和公司法人产权（常日经营权）组成的股份公司产权制度。其优点是有效解决了有资产者不善经营，善经营者无资产支配的矛盾；企业体制开放，能面向社会募集资金，聘用职业经理人和专业技术人才，优化资源配置，提高运营效率。其缺点是，监督费用高，容易产生内部人控制问题，使出资人权利受到损害。但该制度总体利大于弊。这种企业产权制度适合大中型商贸流通企业。

④国有独资企业产权制度。无论是社会主义国家，还是资本主义国家，在公共产品部门和一些特殊行业中，都或多或少设立有国有独资公司。它们实行的是由双层委托代理关系构成的国有独资企业产权制度。第一层，由全体公民委托政府代行国有资产所有者权利。第二层，由政府以聘任或任命方式，委托经营管理者团队对国有企业资产行使经营管理权。其功能是填补"市场失效"空缺，生产供给公共产品，满足居民对公共服务的需要；经营特殊行业及产品，维护国家经济安全。其缺陷是，政企难以彻底分离，容易产生内部人控制、寻租和政府主管机关被俘获等问题，从而使资产运营效率降低，甚至产生腐败。

⑤工厂制企业产权制度。高度集中计划经济体制时期，这种制度曾经普遍实行。全国每个行业都是一家大工厂，企业是其下属的车间，一切生产经营活动都必须听从政府主管机关的指挥和安排。随着向市场经济体制的转变，工厂制企业产权制度已经被公司制这种现代企业制度取代。商贸流通是竞争性行业，不宜采用国有独资企业产权制度，而是应根据企业发展阶段要求，采用个人独资、合伙制和股份公司制等企业产权制度。

二、构建现代产权制度的路径与措施

要构建能使商贸流通业充满生机活力的现代产权制度就要完善法律法规、

严格施行司法监督、同等保护私人产权、推动交易标的类产权创新、严格规制垄断组织和市场权力强势方、深化企业体制改革等,是一项复杂的社会系统工程,须由国家权力机关和政府实施。其基本路径和措施如下。

(一)修订产权制度法律基础,使私人产权得到同等保护

改革开放实践证明,个人财产和产权是多元化产权体系的基石,是社会主义市场经济发展的原动力,人们必须赋予其与公有资产和产权同等的法律地位,予以同等的法律保护。

私人资产和产权是公民个人获得尊严和实现自由发展的必要条件,而让个人获得尊严和实现自由发展,是社会主义的本义。因而,社会主义市场经济,不仅不能够排斥,而且应当尊重和保护私人资产和产权。

私人资产和产权具有广泛性与原生性,是其他产权形态的母体。国有资产来源于公共财政的投资经营,而民众个人和私人企业纳税是公共财政资金的主要初始来源,因此人们一般说国有产权是从私人资产和产权基础上衍生出来的。

私人产权主体追求利益最大化的动机和行为是促使资产保值增值的原动力。股份制、资产租赁和承包经营等派生性产权制度,只有建立在以私人产权为主体的基础上,才能产生健全的激励约束机制,迫使经营者提高资产运营效率。

个人财产权能够使人们在维护自身财产权利的同时,也尊重他人的财产权利,从而奉公守法,诚实可信。

中国共产党十八届三中全会通过的《中共中央全面深化改革若干重大问题的决定》(以下简称《决定》)指出:"公有制经济和非公有制经济都是社会主义市场经济的重要组成部分,都是我国经济社会发展的重要基础。公有制经济财产权不可侵犯,非公有制经济财产权同样不可侵犯。国家保护各种所有制经济产权和合法利益,保证各种所有制经济依法平等使用生产要素,公开、公平、公正参与市场竞争同等受到法律保护,依法监管各种所有制经济。"个人财产权是非公有制经济财产权的一种重要类型,因此国家立法机构应当根据《决定》的上述论述,修改完善相关法律条文,为个人财产权提供同等的法律保护。同时,政府应依据修订后的法律条文对执法机关工作人员进行一次法律教育,使他们树立同等尊重和保护个人财产权的法制观念,在履行公务时认真贯彻执行。各级人代会应定期进行专项检查,纠正公务员歧视个人财产权的错误言行,查处违纪违法行为,使他们养成良好的职业操守。

（二）积极审慎的推动交易标的类产权创新，使产权体系健康丰满

中国处于经济社会快速发展时期，但市场经济关系不发达，政府需要通过开发新产权类型，创新交易方式，为经济社会发展构造新的增长点，因此必须积极地推动交易标的类产权及交易方式创新。但是，美欧金融和债务危机警示我们，交易标的类产权及交易方式创新，必须以促进实体经济繁荣发展为目的，若偏离此目的，就会沦为投机家"吸金"和政府转嫁债务负担的工具，导致经济虚拟化和泡沫化，引发危机，所以创新必须既积极而又审慎。在此前提下，政府应运用产业政策，使租赁业突破障碍，加快发展；鼓励和支持各交易所根据实体经济部门、外汇业和证券业发展需要，研制、开发、储备一批期货期权合约，待条件成熟时批准上市交易，为期货市场发展注入新要素，为实体经济部门外汇业和证券业提供新的避险工具，使它们能平稳快速发展。

（三）完善《反垄断法》《反不正当竞争法》和有关商业法规，形成公平交易的市场环境

现今中国市场，显性封锁分割虽然已经消除，但隐性封锁分割还存在，如一些地方政府为销售本地产品，支持、助长本地企业排斥压制外地产品，执法机关袒护本地企业，刁难外地企业，等等。国家立法机关应当将其视为行政垄断和不正当竞争行为，列入《反垄断法》和《反不正当竞争法》中明文禁止，并严格予以查处。各级人大应加强对政府的监督，一旦发现政府管理机关被"俘获"，放纵垄断组织和市场权力强势方侵犯用户顾客和弱势方利益，应立即制止，责令其改正，并给予严厉处罚。政府应把各项法规条文明细化，并实行严格监管，规范约束垄断组织和市场权力强势方市场行为，矫正失衡的市场权力结构，使交易在公平环境中进行。

（四）充分发挥其正向作用，把企业做大做强

内部人控制是指公司经理层和董事会掌握了经营管理权与利润分配权，而不按照或不完全按照股东意图和利益行事的现象。商贸流通公司，由于股东、董事会和经理层之间层层委托—代理，致使委托人与代理人信息严重不对称，因而不可避免地存在内部人控制问题。它既可能产生推动公司快速发展，增进股东利益的正向作用，也可能产生损害公司长远发展，侵犯股东利益的负向作用。要抑制其负向作用发挥正向作用的关键是公司薪酬人事制度应与激励相容，即董事会和经理层只有在兼顾公司近期效益和长远发展、增进股东利益的前提下，才能够获得自身最大利益。为此，商贸公司应适当延长董事会和经理层人

员的股份期权兑现期，防止其为追求短期效益而牺牲公司长远发展。除此之外，企业应适当增加独立董事名额，并且聘请那些与公司内部人无利益瓜葛，声誉约束机制强的公众人士担任，使外部董事能制衡内部董事，督促董事会忠诚履责，并且审计机关应加强对公司财务的审计监督，防止内部人违规操作，侵吞公司资产，侵占股东利益。

（五）引导家族独资商贸企业摆脱"三极矛盾"，向控股公司转型

美国学者克林·盖尔西克等人认为，家族企业进入扩张时期后，通常会被来自家族繁衍、企业发展和所有权变动三个发展进程的矛盾所困扰。一方面，企业的创业者及其直系亲属，希望绝对控制企业所有权与经营权，而旁系亲属则希望多分享一些权利，二者会产生矛盾；另一方面，进入扩张阶段，企业结构复杂化，专业化分工程度提高，必须实行所有权与经营权分离，聘任职业经理人经营管理企业，这与家族希望完全控制经营权的意愿相矛盾；再则企业规模扩大后需要开放产权和人事制度，面向社会募集资金和招聘员工，而创业者及其直系亲属则希望靠家族信用在家族内部解决这些问题，二者会产生矛盾。"三极矛盾"纷争使家族企业无法做大做强。"三级矛盾"的化解办法是，家族放弃绝对控制权，而掌握相对控制权（控股权），企业由家族独资公司转变为家族控股公司。此项改革，可使企业所有权与经营权分离，形成开放型企业体制，面向社会募集资金、招聘技术人才、聘用职业经理人经营管理企业，充分利用社会资源把企业做大做强。私营商贸企业主应当明白这个道理，适时把家族独资公司转变为家族控股公司，避免企业随创业者生命周期同步衰亡。

三、中国现行产权制度的差距与缺陷

（一）现代产权制度的基本特征

现代产权制度是中国建立社会主义市场经济体制的基础。对商贸流通业而言，现代产权制度则是提供了规则完善、激励相容的产权制度支撑，使它充满生机活力，持久快速地发展。以发达国家为参照，能使商贸流通业充满生机活力的现代产权制度大体应具备以下特征。

1. 产权归属明确、权利边界清晰

商品交易本质上是其所有权或使用权权能的让渡，而作为交易标的的商品所有权或使用权权能必须有法律认定的明确所有者或者他授权的代理人，并且权利边界明确清晰，这样才能够顺利交易，否则容易发生纠纷，导致交易混乱

并中断。产权归属明确的基本含义是,商品所有权归属于谁,各项权能由谁掌握和使用,均由国家法律和政府法规做出明确清晰的认定。权利边界清晰的基本含义是,商品所有权及其派生权能的权利边界,均由国家法律、政府法规和契约做出明确清晰的划分。这样,商品所有权和使用权权能才可能自由交易和让渡,自由流动。因此,"产权归属明确、权利边界清晰"是现代产权制度的首要基本特征。

2. 体系结构完整

前已述及,商贸流通业涵盖有形商品交易、无形标的交易、所有权让渡和使用权租赁等多个层面和领域,因此产权制度结构必须丰满完整才能够支撑其顺畅运行、快速发展。它有三层含义:一是产权类型完整,不仅包括资产初始所有权、公司法人产权、有形商品和无形商标所有权,而且包括租赁资产的所有权和使用权等类型;二是法律规范完整,每一种交易标的的所有权和使用权权能都有相应的法律法规确认其归属,以使其能够自由交易和让渡;三是交易规则完整,每一种所有权和使用权权能的交易和让渡都有制度规则可遵循和依从。如是才能使产权交易和让渡活而不乱,所以"体系结构完整"是现代产权制度的第二个基本特征。

3. 规制严密、激励相容

就市场层面而言,由于垄断组织和市场权力强势方在自利动机驱使下,会乱用其市场优势地位,侵犯用户、顾客和供应商等弱势方的利益,因而政府必须严格规制它们的市场行为,这样才能保证交易相对公平,降低冲突发生频率,减少效率损失。就商贸流通企业层面而言,由于股东与董事会、董事会与经理层之间是委托代理关系,容易发生内部人控制问题,因而需要建立和施行一套激励相容的制度规则使代理人(董事会和经理层人员)在追求自身利益最大化的同时,能够按照委托人(股东和董事会)的期望和要求履行职能,把企业做大做强,所以规制严密、激励相容是现代产权制度的第三个基本特征。

4. 自主交易、自由流动

首先,商品生产供给与消费之间存在时空矛盾,只有在"自主交易、自由流动"的市场环境中,通过储存、运输、批发和零售等一系列活动才能够将其化解,使商品顺利地由生产领域转移到消费领域,实现其价值和使用价值,这样社会再生产才能够顺畅进行。其次,一些经营性资产,如房屋、机具、设备、店铺和厂房等,存在拥有者不使用而使用者不拥有的矛盾,这需要按照"自主交易、自由让渡"原则,通过租赁交易和承包才能将其化解,使拥有者和使用者各得其所，提高资产利用效率，所以自主交易、自由流动是现代产权制度的第四个基本特征。

（二）中国现行产权制度的差距与缺陷

中国已转型为市场经济体制，但经济欠发达，制度规则不完善，这些限制因素束缚了产权制度演进。以发达国家为参照，中国现行产权制度有明显差距与缺陷，在商贸流通领域体现为以下几点。

1. 产权类型单一，品种少

商品租赁业，经营品种少、规模小；期货业，商品类期货仅有20多个合约品种，金融类期货仅有股票指数合约上市交易，外汇期货合约和利率期货合约还是空白。

2. 规制不严，交易公平度低

我国虽有《反垄断法》和规制市场权力强势方的管理条例，但存在监管不严现象，导致一些用户、顾客和供应商等弱势方利益履遭强势方侵犯。

3. 企业体制机制不健全，创新发展动力弱

国有独资与控股商贸公司监事会和独立董事形同虚设，经理人薪酬制度明显与激励不相容，内部人控制未得到有效治理。高管人员享受高额薪酬，却很少被问职、追责，明显激励有余约束不足。普通员工薪酬偏低，且感受不到人性关怀，明显约束有余而激励不足。这种反差，挫伤了普通员工的职业热情，使公司创新源泉枯竭，发展动力不足。私营中小商贸企业受"家族信用"羁绊，企业体制落后封闭，难于吸纳社会资金和技术人才，不能把企业做大做强。不少私营企业呈现与创业者生命周期同步衰亡的迹象。

四、现代产权制度对商贸流通业发展的支撑和推动作用

前已述及，商品交易本质上是商品所有权或派生权能的让渡，而商贸流通业能够汇聚和实现商品交易关系，因而现代产权制度不仅在提供制度支撑的层面上，还在拓展交易关系和市场范围、增强企业活力、助推企业做大做强的层面上，支撑和推动着商贸流通业运行与发展。

（一）催生交易者诚信理念和职业操守

哲人云，有恒产者有恒心。这指的是财产所有权能为人们提供生活保障，使他们消除急躁心态，树立平稳生活的信心，进而使他们懂得己所不欲，勿施于人，欲保护自己的财产权利，就必须尊重他人的财产权利，以此约束自己，

从而养成诚实守信习惯。这个原理在商贸流通领域中的作用体现为：国家用法律确认并保护私人财产权，使之形成对交易者行为的自我约束机制，催生出诚信经营的道德理念和职业操守，辅以社会信用制度的约束和管理，形成支撑商贸流通业有序运行持续发展的诚信市场环境。

（二）减少交易摩擦，降低渠道冲突发生频率

由于信息不对称，以及交易者在渠道中所处的位置不同，掌握的渠道资源有多寡之分，组织化程度有高低差异，使得市场权力不均衡成为常态。比如，大型超市连锁公司与单个供应商之间、零售商与顾客之间、采购贩运商与个体农户之间，垄断组织与用户顾客之间，前者市场权力大，是强势方，后者市场权力小，是弱势方。历史经验和当下社会现实表明，在权力失衡的市场环境中，如果政府不运用产权制度规则（即相应政策法规）规制强势方行为，那么经济人自利性会驱使他们滥用市场权力，侵犯弱势方利益，引发交易摩擦和渠道冲突。近年，中国政府加强了《反垄断法》的施行力度，使垄断企业的违规行为减少。一段时间，中国超市连锁公司与供应商之间频发渠道冲突。为此，商务部对超市连锁公司返还供应商货款时限，收取促销费、店庆费标准，作出了明确规定并施行监管，使超市连锁公司超期占用供应商货款，巧立名目滥收费的行为得到遏制。这些事例证明，只要政府认真运用产权制度规则，严格规制垄断组织和市场权力强势方的行为，就能促进市场权力平衡，从而减少交易摩擦、降低渠道冲突发生频率，提高流通效率。

（三）拓展交易关系和市场范围

从流通经济学视角看，经济社会发展成效本质上是社会分工深化、交易关系和市场范围扩展的结果。而社会分工深化交易关系和市场范围扩展，是以产权类型创新、所有权分解和派生出新产权权能形成新交易标的为必要前提条件和基础而实现的。

①专利、商标等无形资产产权的创立导致专利技术和商标使用权转让市场兴起，把市场范围由有形商品交易领域扩展到无形资产交易领域。

②房屋、机具、设备、店铺和厂房等资产的使用权权能，从资产所有权中分离出来成为交易标的，导致租赁业兴起，使交易关系和市场范围由所有权让渡层面向（一定期限内）使用权让渡层面跃迁。

③生产者和经营者为规避现货市场价格风险，创立期货和期权合约等新产权标的，并进行交易，导致交易关系和市场范围由现货交易领域拓展至期货期权交易领域，并以其套期保值和价格发现功能弥补现货市场缺陷。由此可见，

产权类型创新确实能拓展延伸交易关系和市场范围，使商贸流通业内涵深化、外延扩展。

（四）助推商贸流通企业做大做强

沃尔玛等跨国零售企业集团的成长发展史显示，现代公司制度和连锁营销制度相结合是商贸流通企业做大做强的加速器。

①现代公司的开放型产权制度为商贸流通企业打开了募集社会资金、扩充资本规模的方便之门，使它们能以控股方式，支配数倍于自身的资本量，为其实现最佳规模经济这个战略目标、奠定资本规模基础。

②现代公司制企业的经理人聘任制度使商贸流通企业能够面向社会招募优秀职业经理人团队经营管理公司，而且用年薪和股份期权等薪酬制度激励约束他们，使他们千方百计把公司做大做强。

③商贸流通企业若把现代公司制度与连锁营销制度有机结合在一起，充分发挥二者优势，不仅可以凭"六统一管理"优势快速使直营店铺数量及规模扩张，而且可以利用品牌感召力，吸纳特许店加盟，以不占用有形资产的方式实现店铺数量及规模"无资本"扩张。市场化改革以来，苏宁、国美、联华、王府井等一批本土零售企业，沿着上述路径快速发展，成长为年销售额逾千亿元的特大型商贸公司。由此可见，现代产权制度确实是商贸流通企业做大做强的加速器。

第二节 诚信社会环境的构建与作用

一、社会信用概述

（一）信用概念辨析

1. 狭义信用与广义信用

信用是经济学最基本的范畴之一。托马斯·图克对信用的定义：简单说就是信任，这种信任不管有没有充分的根据，都会使一个人以货币的形式或商品的形式，把一定量的资本托付给另一个人，并且无论在哪种情况下，都要在规定的到期日予以偿还。信用有狭义和广义两个范畴。狭义信用主要是指各种资金借贷和商品赊销中恪守承诺的给付行为（如信用贷款、信用担保、商品赊销等）及各种给付形式（如信用证、抵押、担保等）。广义信用是指人们如实履行承诺之事的行为。笔者认为,经济学中使用的"信用"应当是广义范畴的,是指经济活动中,个人和组织信守诺言、履行契约、取信他人的意识和行为。它涵盖了资金信贷和商品赊销等狭义信用范畴。本书使用的是广义范畴信用。

2. 信用的本质是对契约能认真履行的确定性预期

信用是个人和家庭财产权确立后,随着人们相互之间的经济交往,尤其是商品交换关系的深化和发展,而产生的一种极为常见的经济范畴和社会现象。信用使契约关系中一方对另一方的履约行为及后果有了确定性的预期,即当事人认为契约关系中义务承担者具备履约能力和诚意,能实现预期履约后果。交易双方相互信任,认可交易规则,是产生确定性预期的必要前提条件。

交易者是追求自身利益最大化的经济人,能否达成契约使交易成功的决定因素是利益上的权衡。相互信任,只是必要条件,而非充分条件,但是缺少了它契约的达成和交易成功概率就会大打折扣。因此,买方签订交易契约之前,不仅要确认卖方是否具有履约诚意,而且还要确认其是否具备履约能力,否则就不能签约,以免把交易建立在充满风险的"沙滩"上。相应的,卖方若想从交易中得到收益,不仅要使买方相信自己有履约诚意,而且还有要证明自己具备履约能力,能完满履行契约。总之,信用关系的建立过程不仅要以交易双方的主观心理信任为基础,而且还要以双方对履约诚意和能力的评判为基础。

3. 品质信任和情境信任

前述分析揭示了交易者之间信用关系的建立依赖主客观两方面因素。主观方面是交易者自身是否具备"可信任的品质因素"(如诚实、守信等),以及支持其履行承诺的经济实力——良好的资信状况和经营绩效等;客观方面是交易者得到市场价值尺度认可的履行承诺能力。因此,成熟的市场经济制度可以通过建立和维持公平竞争秩序形成统一价值尺度,既使交易者信守承诺,又对他们履行承诺的能力作出公正评价。交易者收集和分析与对方有关的市场信息,就可以准确判断对方的信用状况和履约能力,然后决定是否与之签订契约建立交易关系。

尼尔斯·G.努德海文在其《交易成本经济学中的机会主义和信任》一文中,提出了人性内核分裂模型,将信任划分为情境信任和品质信任两种类型,并且定义,品质信任是交易者认为对方具有与生俱来的可信度而产生的信任;情境信任是只有交易者无须采取机会主义行为就能获得自身最大利益时,才能够产生的信任。现实生活中,信息不对称和经济人的自利性就容易诱发交易者机会主义行为,故而品质信任和情境信任都是特殊现象。而想使它们成为常态现象,即交易双方普遍相互信任，政府就要建立健全社会信用制度，严格规范约束交易者，使其不发生或少发生机会主义行为，这是必要前提条件。这从信任行为的本质上揭示了建立健全社会信用制度，构建诚信社会环境的必要性。

（二）信用范畴扩展：由个体信用关系到社会信用体系

交易费用理论揭示，由于信息不对称和经济人自利性普遍存在，订立契约时，交易中的一方有刻意隐瞒不利信息，暴露有利信息的动机。

首先，签约前交易者面临信息失真的风险，防范此种风险的路径是，建立交易者信用信息征集制度，弱化信息不对称程度。但它是一种公共产品，只能由政府或专门机构生产供给。

其次，在契约履行过程中，交易者同样面临着对方刻意隐瞒真实信息，找借口违约的风险。交易者最容易想到的防止违约事故发生的办法是签订完全契约。然而，签约费用与契约完善程度正相关，签订完全契约要支付比签订不完善契约高得多的费用。交易者只好退而求其次，选择不完全契约。因此，唯有以健全的社会信用体系严格约束契约当事人行为，才能够降低签约费用，提高履约率。

上述两层机理，既是推动信用范畴由个体信用关系扩展为社会信用体系的内在动因，也是建立健全社会信用体系必要性的根由。所以，仅仅把信用理解为单次交易中当事人之间的相互信任，是狭隘的；而把社会信用体系理解为单个信用关系的简单累加，则是肤浅的。社会信用体系不只是单个信用关系在社会层面上的集合，而是包括规范约束信用关系的法律规范和管理制度，及其施行机构和运作体系在内的复杂系统。其中，由信用法律规范、信用信息征信系统和信用监控系统组成的社会信用制度是它的灵魂和核心。

（三）社会信用类型和层次结构

我国理论界尚未给社会信用体系一个统一的定义。有学者从系统论角度研究并且指出：系统论认为，体系是由若干相互联系、相互作用的要素组成的有机整体。相应的，社会信用体系应该是由若干相互联系、相互作用的信用要素和子系统组成的有机整体。不同层面上的社会信用要素组合成了不同层面上的社会信用子系统，这些子系统又汇聚成为社会信用总系统，即社会信用体系。

1. 社会信用类型

以信用主体的社会身份为标准，社会信用可划分为政府信用、个人信用、企业信用（包括非金融类和金融类企业信用）、中介组织信用（消费者和顾客信用）四种信用类型。

（1）政府信用

政府信用是以政府机关为主体的信用类型。其重要性在于：政府是社会信用制度的建设者和维护者，是诚信的践行者和倡导者，是社会信用体系的核心和主导力量。

（2）个人信用

个人信用是以公民个人为主体的信用类型，涵盖面宽，内容庞杂，既涉及个人与个人之间、个人与金融类企业之间发生的资金信用，也涉及个人与个人之间、个人与商贸流通及制造企业之间发生的商业信用。

（3）企业信用

企业信用可以分为两大类，一类是金融类企业和非金融类企业之间的信用，即金融信用；另一类是非金融企业（如制造业、商贸流通业企业）之间的信用，即非金融信用。金融信用也称银行信用。银行是现代市场经济中的"万能的垄断者"，各种信用关系及信息最终都要汇聚到银行，因而银行信用是社会信用体系的枢纽。非金融信用（又称狭义企业信用）因涵盖各类非金融企业间的信用而范围广大，关系庞杂。企业信用和个人信用是社会信用体系的基础。

（4）中介组织信用

中介组织信用是以中介组织为轴心结成的信用类型。中介组织介于政府、企业、顾客和用户之间，从事协调、评估、检验和仲裁等活动，为委托人提供会计、信息、法律和咨询等服务，是交易者之间的桥梁和纽带，其诚信度高低和服务质量优劣，影响着交易成功率和流通效率。

2. 社会信用体系的层次结构

从功能上看，社会信用体系是由覆盖全部层面的法律规范系统、基础层面上的信用关系子系统、中间层面上的征信服务子系统和上层层面上的政府监控管理子系统四个层次组成的总系统。

①法律规范系统覆盖社会信用体系的全部层面，既规范约束各个层面系统中信用主体的行为，又为它们施行信用行为提供法律依据和准则，是整个社会信用体系赖以存在和运转的法律基础。

②基础层面上的信用关系子系统由政府信用、企业信用、个人信用和中介组织信用四大类信用关系构成，是各类信用主体之间显性信用关系（记录在契约中）和隐性信用关系（未记录在契约中，但被法律和习俗认可）的集合。它们是征信服务系统的征集对象和服务对象，是信用监控管理系统的监管对象。各类信用主体只能在法律规范和监管机构的约束之下建立信用关系并施行信用行为。

③中间层面上的信用服务系统主要由信用信息征信机构和咨询服务公司组成。它们接受政府信用监管机关的监督，依照有关法律规范和政府管理条例开展业务，通过做好信用信息征集、鉴定、整理、记录、分析和保存等基础工作，为个人和经济社会组织提供信用信息查询、信用资质评估、信用资料保存和信用问题咨询等方面的服务，增进交易者之间的信息对称，防止隐瞒真实信息和提供虚假信息的行为发生，净化社会信用环境。

④上层层面上的信用监管系统由政府社会信用管理机关组成。它们的主要职能是：调查研究社会信用状况，制定、修改、颁布和施行关于社会信用的法律法规与政府管理条例，用以规范约束社会信用主体的信用关系和信用行为，使它们养成信守承诺、认真履约的良好习惯；监控征信机构和信用信息服务公司的业务范围与业务行为，防止它们违规操作、越权和侵权，以期形成全体社会成员都诚实守信的社会信用环境。而政府是否诚信，则由民众、人代会和媒体监督。

二、构建诚信社会环境的目标、路径和措施

构建诚信社会环境，涉及开展全民诚信教育、培育和增强民众自我约束力、制定并完善有关法律、提升政府公信力和执行力、建立健全覆盖全国城乡的征信系统等各个方面，是一项复杂的系统工程，需要制定方案、确立目标、规划路径、夯实基础、扎实推进才能够收到成效。

（一）目标和基本路径

1. 目标

中国将要建立的诚信社会环境应具备如下基本特征：民众个人自我约束力健全、法律法规完善、政府公信力高且执行力强、信用信息征信系统覆盖全国城乡、咨询服务便捷而且监管严密、全体社会成员信守承诺、民众认真履行契约、社会诚信度高。

2. 基本路径

目前，我国存在民众自我约束机制缺失、社会信用制度不健全、征信系统覆盖面窄、社会诚信度长期在低位上徘徊等问题。基于此种社会现实，笔者认为，有关部门只有沿着以下路径扎扎实实地推进社会信用制度建设，才能够完成建立诚信社会环境目标。

①通过开展全民诚信教育、重建社会道德体系、加强经济社会发展、使民众财富持续增长等综合措施培育和增强民众克制失信动因的自我约束力，夯实

构建诚信社会环境的民众基础。

②制定并完善信用信息法律,为征信机构的建立和运营,以及政府监管,提供完备的法律依据,夯实构建诚信社会环境的法制基础。

③建设诚信、廉洁、高效的政府,大力推进社会信用制度建设。

④合理选择建设模式,建立覆盖全国城乡的征信系统,跟踪记录每个社会成员的信用信息,建立档案并提供查询服务,以此约束全体社会成员,抑制失信行为发生,提升社会诚信度。

(二)具体措施

1. 培育并增强民众自我约束力,构筑克制失信动因的心理防线

民众个人自我约束力是其克制失信动因的内因和心理防线。而要牢固地构筑起这道防线,政府需采取下列措施,培育和增强民众的道德约束力、声誉约束力和财产约束力。

一是修订《教育法》,把施行全民诚信教育的法律规定补充进去,并且督促各级政府认真执行;政府则应组织专家编好教材,督促幼儿园、小学、中学、大学乃至再教育机构持续深入地对民众施行诚信教育,使他们牢固树立诚信理念;社会媒体则应大力宣扬诚信美德,谴责失信行为,树立"诚信光荣、失信可耻"的社会风气,培育和增强民众的道德约束力与声誉约束力。

二是应加快经济社会发展,使民众的财富积累持续增长,并且严格施行《物权法》,保护私人财产,使民众养成欲维护自身财产权利,必须首先尊重他人财产权利的良好习惯,增强财产权对失信动因的约束力,这样才能在民众内心构筑起克制失信动因的牢固心理防线,降低失信发生率,提升社会诚信度。

2. 制定并完善信用信息法律,夯实构建诚信社会的法制基础

没有规矩,不成方圆。信用信息的采集和使用涉及民众个人隐私、企业商业秘密和国家机密等敏感问题,因此必须做到有法可依、有法必依、违法必究。首先,借鉴发达国家经验,制定和施行信用信息保护相关法律法规,明确划分需要保护而不能征集使用的个人隐私、企业商业秘密和国家机密与可以征集使用的信用信息的边界,在严格保护前者的前提下,促进后者的集征使用。其次,应制定社会信用促进相关的法律法规明确规定政府机构,尤其是中央银行、工商、税务、法院、技术质量监督、环保等掌握信用信息资源的部门,它们有依法向全国信用信息数据交换中心传输信用信息的义务,打破信用信息资源条块分割的状态,实现综合利用。最后,应制定和出台征信业管理的相关条例,对

征信机构施行严格监管，防止它们越界征集和使用信用信息，侵犯被集征者权利。全国人大还应定期检查，督促各级政府、征信公司和有关部门严格执行这些法律和管理条例，为构建诚信社会夯实法制基础。

3. 建设诚信、廉洁、高效的政府，大力推进社会信用制度建设

政府是社会信用制度的建设者和维护者，肩负着治理失信、构建诚信社会环境的历史重任。然而，打铁还得自身硬，若政府公信力低，则政令难以得到公众响应，收不到预期执行效果。经过调查，有超九成多（95.2%）受访者认为，政府信用亟须加强建设；55.9%的受访者认为，造成政府公信力低的主要原因是行政不透明、财务收支和公车数量不公开。因此，欲有效推进社会信用体系建设，政府必须先加强政务诚信建设，提升公信力。为此，必须制定和完善约束政府权力的法律制度，使政府官员和公务员养成公正、廉洁、诚信的行政习惯，提升政府公信力。同时还应加强党纪和行政监督，治理虚与委蛇、弄虚作假、瞒上欺下的行为，增强政府的执行能力，提高政务效率。以此为基础，大力推进覆盖全体社会成员的征信系统建设，使社会诚信度不断提升。

4. 建立健全覆盖全国城乡的征信系统，构筑抑制失信行为发生的制度防线

发达国家经验显示，构建覆盖全体社会成员的征信系统，跟踪记录每个社会成员（政府官员、企业家和普通民众）的信用信息，建立档案并提供查询服务，使失信者付出被市场拒之门外的巨大成本，是抑制失信行为发生的制度防线和不二法门。因此，中国必须选择符合自身国情的建设模式，积极而稳妥地推进覆盖全国城乡全体社会成员的征信系统建设。

世界上可供中国参考借鉴的征信系统建设模式有以下两种。

第一种是市场化民营征信系统模式，其特点是：征信系统由若干家独立于政府之外的民营征信服务机构组成；信用信息来源广、内容丰富，除金融机构信息外，还有来自会计师事务所、财务公司、租赁公司、信用卡发行公司、商业零售公司等的信息；在严密司法监督下，征信机构有偿地为全体社会成员提供信用信息查询服务。美国、英国、加拿大和北欧一些国家采取此种模式。

第二种是非市场化公共信用调查机构模式，其特点是：公共信用调查系统由国家中央银行或者银行监管机构设立并运营管理，主要宗旨是为中央银行行使金融监管职能提供信用信息服务，而不面向其他社会成员，因而实行非市场化运作；信用信息获取方式为依法强制征集，信息来源和范围较窄，主要是企业和个人信贷信息；信用信息实行提供和使用对等原则，即只有信用信息提供

者才有获取和使用信用信息的资格和权利；调查机构提供信用报告，不收费或只收取很少费用。法国和德国等实行此种模式。

目前，中国征信系统还停滞在各自为政、覆盖面窄，仅征集城市企业和个人信用信息的低级层次上，离征信系统建设目标尚远，亟须选好模式，加紧建设。参考发达国家经验，结合自身国情，笔者认为，中国征信系统建设宜采取监管型市场化模式，即在司法和行政的严密监管下，以全国信用信息数据交换中心为核心，以民营征信机构为主体，以公共信用调查机构为补充，组成覆盖全体社会成员的征信系统。建设过程可分为以下两步。

①起步阶段，充分发挥政府的推动作用，以人民银行为主干，组建覆盖个人和企业信贷信息的征信系统，同时联合工商行政管理、质量技术监督、环保、税务和公安等部门建立信用信息征信系统。运作一段时间积累经验后，组建全国信用信息数据交换中心，汇集各行各业征集的信用信息，供征信机构下载使用。

②征信系统建成并运行稳定后，政府与其完全脱钩，依法对其施行监管，不干预其具体业务；征信系统则依法征集使用信用信息，有偿为用户提供查询服务。此外，中国地域辽阔，经济地带间发展差距大，征信机构建设可东部先行，取得经验后，向中西部推广，最终形成覆盖全体社会成员的社会信用体系。

三、诚信社会的作用

若中国经济想要缩小与发达国家的差距就必须使增长方式由粗放型向集约型转变。商贸流通业欲完成这个转变，构建诚信社会环境是必要条件和基础。杨小凯认为，富国与穷国的重要区别之一是民众是否诚信而有良好的交易习惯。因为，交易者之间建立在诚信基础上的相互信任是交易能够顺利完成的必要条件；诚信社会环境能抑制机会主义动机，降低失信违约行为发生率，节省交易费用；诚信社会环境能促进合作协同，是商贸流通制度创新的温床。故而，纵观世界各国，凡社会诚信度高的国家，商贸流通业运营发展就一定顺畅高效，而社会诚信度低的国家，商贸流通业运营发展就一定滞涩低效。因此，中国商贸流通业若想要向集约化运营发展转型就必须解决好构建诚信社会环境这个根本问题。

（一）诚信：交易顺利的基础和润滑剂

商品交易的本质是货物所有权让渡。它既可以以物物交换方式实现，也可以以货币为媒介的交易方式实现；既可以以即期交易方式实现，也可以以赊销、期货等延期交易方式实现。但是，无论何种交易方式交易双方都必须先达成口头或书面契约，然后双方履行契约才能完成交易。马克思在《资本论》中深刻揭示了契约与商品交易的关系。他说："商品不能自己到市场去，不能自己去交换。因此，我们必须找寻它的监护人，商品所有者。……为了使这些物品作为商品彼此发生关系，商品监护人必须作为有自己的意志体现在这些物中的人彼此发生关系，因此，一方只有符合另一方的意志，就是说每一方只有通过双方共同一致的意志行为，才能让渡自己的商品占有别人的商品。可见，他们必须彼此承认对方是私有者。这种具有契约形式的（不管这种契约是不是用法律固定下来的）法的关系，是一种反映着经济关系的意志关系。"

商品交易过程与达成并履行契约的过程互为表里，而要顺利达成并履行契约，完成交易过程，诚信就是基础和润滑剂。因为，交易者只有讲求诚信，提供真实可靠的消息才能建立信任关系；在此基础上，若双方能协商一致，则可以顺利达成契约。若双方当事人能信守承诺，认真履约，则交易可顺利完成，反之则难以达成契约，即使达成契约，也容易发生违约纠纷使契约履行中断，交易无法完成。现代市场经济交易类型繁多、市场范围广大，仅局部改善社会信用状况于事无补，只有建立健全社会信用制度，构建诚信社会环境，提高全体民众的诚信水平，才能够严格抑制违约失信行为发生，保障全社会商品交易活动顺利进行，进而提高商贸流通业运营效率。

（二）诚信社会环境：抑制失信违约、降低交易费用的不二法门

交易就会产生费用，合理限度内的交易费用是交易必须支付的成本，而超过合理限度，则是对交易收益的扣除，因而降低交易费用则可增加交易收益。在诚信社会环境中，人们相互信任，披露的商品信息和交易意愿真实可靠，因而能抑制失信、减少交易摩擦、降低交易费用、提高交易效率。

1. 交易费用类型及成因

交易费用有广义与狭义之分。狭义的交易费用是指任何一个交易过程都必须付出的费用，包括发现交易标的、收集交易对手信息、谈判、签订并履行契约和处理契约纠纷等发生的费用。威廉姆森认为，在狭义交易费用之外，还有由机会主义行为或非机会主义因素带来的损失，它们与狭义交易费用一起构成广义交易费用。他认为生成交易费用的原因有客观和主观两种因素。

①客观因素主要指市场环境中存在的不确定因素。由于制度环境和技术环境不断变化，所以市场始终是不完善的，存在许多不确定的因素，比如交易对手数量变化等。为消除其中不利因素的影响，交易者必须广泛搜寻信息，把防

范违约条款尽量写入合同，并且严密监督契约履行过程，这些措施都会增加交易费用。

②主观因素是指信息不对称和经济人自利性使交易者有机会主义倾向，企图以虚假信息误导对手，从中获利的人的行为因素。其具体表现在以下几方面。

一是特征隐瞒，指信息优势方故意隐瞒对自身不利的信息，给交易对手抉择设置障碍，如前些年彩电行业发生的"背投事件"，生产厂商隐瞒背投彩电技术上的"先天不足"，大力宣传产品具有"特殊性能"，诱导消费者购买，使他们蒙受损失。

二是行动隐瞒，指签约后，信息优势方隐藏履行能力，不完全按照契约约定履行义务，使交易双方蒙受损失。

三是交易行为和产品使用效果具有不可核实性，若发生产品质量事故和契约履行纠纷，蒙受损失一方难以取得有效证据辨明是非，获得足额补偿。这些主观因素迫使交易者加大信息搜寻力度，力求把契约签订得更完备，并强化对履约过程的监督，从而导致交易费用增加。

杨小凯在《经济学原理》中，从社会分工协作视角把交易费用分为外生交易费用与内生交易费用。他把外生交易费用定义为，交易中非因交易决策而发生的费用，即交易者事前能够预见到的，由当时社会分工水平、技术水平、企业组织状态和有关政策法规等交易决策之外因素决定的费用。内生交易费用则是交易者为争夺交易收益而产生的费用，即因交易决策而产生的费用。内生交易费用的成因和来源是交易前界定交易标的物产权的费用，如申请技术专利权、对商品做鉴定估价、对企业资产进行评估等费用；因信息不对称而增加的信息搜寻费用；签订和履行契约时，交易者采取机会主义对策行为产生的费用；为防范道德风险而增加的监督契约履行和处理契约纠纷费用。

2. 诚信社会环境能够抑制失信、降低交易费用的内在机理

社会信用体系及其构建的诚信社会环境能生成以下机制，抑制失信违约动因，减少交易摩擦，从而降低交易费用。

①公正而高效的征信系统，能使交易者便捷地查询到对手信用信息，弱化信息不对称程度，抑制特征隐瞒，从而降低信息搜寻、鉴别费用。而且征信机构长期跟踪记录交易者信用信息，这能抑制契约履行中的道德风险，从而降低监督契约履行和处理违约纠纷的费用。

②庞巴维克指出：现在与未来相比，由于未来的需求和供给状况会发生变化，人们普遍有低估未来物品价值，高估现在物品优越性的心理和习惯。诚信

社会环境能弱化这种心理和习惯，使交易者产生契约能得到认真履行的稳定预期从而抑制失信违约动机，减少交易摩擦，降低交易费用。

③诚信社会环境虽然杜绝不了违约纠纷，但因构建了公正的仲裁调解平台，能使纠纷及时得到公正处理，产生以儆效尤效果，从而降低违约率，节省监督契约履行和处理违约纠纷费用。

④博弈论的"连锁店悖论"原理揭示，有限次交易中的最后一次交易等同于一次性（交易）博弈，不管交易者守信履约还是违约欺诈，都不会受到奖励和惩罚，因为此后彼此不再发生交易关系，故而结局往往是失信违约。以此推论，有限次重复交易不可能产生相互信任。而在无限次连续交易中，欲使交易连续进行，交易双方必须克制机会主义动机，守信履约，否则交易会中断。发达国家的经验证明，健全的社会信用体系及其构建的诚信社会环境能产生类似于"无限次重复博弈"的激励约束机制，抑制失信违约行为发生。因为，交易者若有失信行为被录入征信系统的信用信息档案，其就会付出被市场拒之门外的沉重代价，所以不敢妄生违约念头，发生失信行为。若人们都诚信交易，不仅能提高交易成功率，而且会使社会交易费用整体下降。

（三）诚信社会环境：商贸流通业创新发展的温床

制度创新是商贸流通业的活力源泉。目前，连锁公司、电子商务、期货交易和第三方物流等新兴商业模式正推动着中国商贸流通业沿着组织结构网状化、交易场所虚拟化、交易标的符号化和信息交流平台化方向创新与发展，深刻改变着整个商贸流通业的面貌。但是，无论何种形态的制度创新都必须以诚信社会环境为基础。新制度及其运营方式只有扎根于诚信社会环境中才能够健康成长，否则会蜕化变质、分崩离析。

1. 相互信任是维系渠道战略联盟稳定的纽带

连锁公司拥有配送中心和成百上千间直营店铺及特许加盟店铺，一头连接着众多供应商，另一头连接着广大顾客。它要维持庞大采购配送系统和成百上千间店铺顺畅运转就必须与众多供应商和广大顾客结成稳固的渠道战略联盟。他们之间建立在诚信基础上的相互信任是维系渠道战略联盟的牢固纽带。若连锁公司失信则会导致渠道发生冲突，甚至战略联盟瓦解，使连锁公司的庞大营销系统瘫痪。

2. 诚信是其顺畅运营和健康发展的必要前提条件

网商能使顾客节省购物路程成本和时间，并且节省场地租金和实物商品展示费用,因而与实地场所交易相比有巨大优越性。但是,顾客在网上店铺看到的是虚拟商品,若商家不信守承诺,不真实准确地展示商品品质性能信息,就难以获得顾客信任下单购买;即使下单,顾客验货时也会因商品网上信息与实体有差异而撤单退货,使交易不能够完成。由此可见,电子商务等新兴的虚拟场所交易制度,必须在诚信社会环境中才能够顺畅运营。诚信社会环境是它们健康发育、茁壮成长的温床。

3. 代理人、经纪公司和中介必须以诚信社会环境为基础

代理人、经纪公司和客户之间是委托—代理关系。由于信息不对称和经济人自利性作祟,代理方(代理人和经纪公司)容易产生机会主义行为,侵犯委托方利益。而失信社会环境,会使代理方发生机会主义行为的概率上升,增大委托方利益受损风险。唯有构建诚信社会环境,并且建立健全委托方对代理方的激励约束机制,才能够降低代理方发生机会主义行为的概率,使中介方与客户之间的委托—代理关系稳固,从而推动现代商业、物流业和期货市场快速发展,加快商贸流通业现代化进程。

第三节　宏观经济环境的构建与优化

历史和现实一再证明,供求严重失衡、假冒伪劣商品充斥市场、强势方滥用市场权力的情况会破坏商贸流通业发展的连续性和协调性。反之,供求平衡、有效供给充足、公平交易的宏观经济环境则有利于流通业平稳而快速地发展。本章以宏观调控理论为分析工具,在总结中国政府治理经济剧烈波动经验教训的基础上,论述政府通过何种路径和采取何种措施才能够建立起此种宏观经济环境。

一、西方宏观调控理论及中国政府的借鉴和运用

国内外历史经验显示,幅度在2%以下的轻度通货膨胀能够吸收经济社会发展造成的生产要素成本和价格上涨,有利于经济社会平稳而快速地发展。这也是中国政府宏观调控追求的目标,但要实现它并非易事。社会经济中,众多微观经济主体的自主经营决策会使供求和价格偏离均衡状态,甚至会形成通货膨胀或通货紧缩。改革开放以来,中国曾发生过1次中度和2次重度通货膨胀、1次通货紧缩和1次固定资产投资膨胀,它们都不同程度地破坏了商贸流通业和国民经济发展的协调性与连续性。它们都由政府采取宏观调控措施予以治理

才使经济运行回到正常轨道。现在，中国经济社会中的矛盾越加复杂尖锐，引发剧烈经济波动的可能性增大。改进宏观调控方式、提高调控质量、保持供求基本平衡和价格平稳仍然是政府的重要职责。近一个世纪，西方国家在应对经济大萧条、通货膨胀和滞胀中积累了丰富的经验和教训；经济学界在探索危机成因和寻求治理方法的过程中创立了不同的理论学派。它们是中国政府改进调控方式，提高调控质量的重要参照和理论依据。

（一）凯恩斯理论及中国政府的借鉴和运用

该理论由英国经济学家凯恩斯创立。他认为，资本主义社会中存在非自愿性失业，其产生的原因是有效需求不足，而有效需求不足是由投资量不足引起的。因此，投资市场心理没有发生改变，在经济存在周期性波动的条件下要达到充分就业状态，唯一的办法就是不能把决定投资量的职责全部放在私人身上，而应由政府和私人力量共同承担，这样既可以医治失业，又可以保持效率和自由，即当经济周期处于衰退阶段时，政府可以实行扩张性财政政策，降低税收，增加预算支出，以刺激投资对中间产品的需求和消费，使最终产品需求增长，增加就业岗位；当经济周期处于繁荣阶段时，政府可以实行紧缩性财政政策，提高税收，减少预算支出，以抑制投资和消费需求，治理通货膨胀。

第二次世界大战前后，凯恩斯主义被各主要资本主义国家政府奉为抵抗经济衰退和治理通货膨胀的圭臬，且屡收成效。美国罗斯福新政就是典型。20世纪60年代，凯恩斯主义达到鼎盛时期。

20世纪80年代，主要资本主义国家陷入经济滞胀，凯恩斯主义受到质疑。为了回应新古典宏观经济学派的质疑，美国经济学家斯蒂格利茨和曼昆等人创立了新凯恩斯主义经济学。该理论学派，一方面继承了传统凯恩斯周期理论的基本观点，坚持认为市场本身具有缺陷，主张政府干预，并据此向新古典宏观经济学主张的市场连续出清假设和反对政府过度干预的观点提出反质疑；另一方面又对传统凯恩斯理论缺乏微观经济理论基础的弱点加以弥补，探寻形成市场缺陷的微观机制，他们分别考察了商品市场中的价格黏性、劳动力市场中的工资黏性和信贷市场中的利率黏性。传统凯恩斯理论假定供给不变，着重从需求方面解释经济周期成因，并以此设计宏观经济政策。与之不同，新凯恩斯主义注重从供给方面解释经济周期成因，然后据此设计宏观经济政策。1993年，克林顿政府制定经济政策时，采纳了新凯恩斯主义的主张，使美国经济减少了波动，保持了繁荣。

改革开放以来，尤其是1998—2002年治理通货紧缩时期，中国政府的宏观经济政策有比较明显的凯恩斯主义痕迹。其间，中国政府实行积极财政政策，通过发行国债募集约 8000 亿元资金，以增加转移支付和财政支出的方式实施西部大开发和振兴东北老工业基地等战略措施，加强基础设施建设，增加投资扩大对中间产品的需求，大幅度提高公务员和企业员工工资，取消限制消费的政策和条例，允许银行开展住宅、汽车、教育等消费信贷业务，刺激消费扩大对最终产品的需求，支持农民外出务工，疏通农产品流通渠道，帮助农民增收，改善农村消费环境，鼓励农民增加消费。这些政策措施收到了预期成效，使中国经济避免衰退，保持了较高增长速度，成功地抵御了亚洲金融危机冲击，维持了社会稳定和繁荣。

（二）货币主义理论及中国政府的借鉴和运用

该理论以美国芝加哥大学教授弗里德曼为创始人，其主要理论观点如下。

①从长期看，货币供应量可以影响价格以及其他用货币表示的名义量（如货币工资、名义国民收入等），但不能影响就业量和实际国民收入等实际量。

②从短期看，货币供应量可以影响就业量和实际国民收入。

③私人经济具有自身内在稳定性，政府频繁变动财政与货币政策会破坏其稳定性。

④提出了"自然失业率"概念，认为其变动与货币现象无关，而与实际经济条件决定的结构变化相关，进而指出通货膨胀是一种货币现象，流通中的货币数量是解释通货膨胀的基本元素。

西方国家的"滞胀"表明凯恩斯主义已经失效需以新理论取而代之。货币主义者反对政府对经济生活的过度干预，主张采取稳定的货币政策，按均匀的速率发行货币。货币政策的任务不是调节利率，而是通过均匀的、稳定的货币数量增长，保证货币领域不干扰沿均衡轨道前进的实际经济领域，为经济运行提供一个稳定的金融环境。20 世纪 80 年代，货币主义理论对美国里根政府、英国撒切尔政府的经济政策产生了重大影响，促使其推行国有企业民营化改革，放松对经济的管制。

1998—2002 年，中国出现严重通货紧缩，政府以积极财政政策和宽松货币政策应对，收到明显成效。2002 年底，通货紧缩结束，政府随即将积极财政政策和宽松货币政策调整为稳健货币政策和财政政策相配合，主要通过控制货币供给量增长，使经济平稳运行。2011 年初，中国出现中度通货膨胀，央行通过提高存款准备金率和存贷款利率，吸收和减少流通中的货币，以此治理流动资金过剩的问题。同年 11 月，治理措施见效，物价持续回落，央行随即调低存款准备金率,适度放松银根,增加货币供给量。这些治理措施,明显参考了西方国家经验,吸纳了货币主义理论。

(三)德国社会市场经济理论及中国政府的借鉴和运用

该理论创始人为欧根,主要代表人物有艾哈德等。该学派认为,以私有制为基础,以自由竞争为原则,辅之以适当的国家干预和调节,可以使经济具有社会安全和社会保障功能,这样才能使生产力发展和技术进步与个人自由完全协调。为了保障社会经济体系运行,国家必须制定相应的法律法规,以限制垄断、保护竞争。但政府干预只应当起"球场裁判员"的作用,其宗旨是保证个人和企业平等自由地竞争,创造一个有利经济平稳发展的社会环境。遵循社会市场经济理论制定经济政策和实施宏观调控,使德国经济素以稳健享誉世界。2009年,虽然德国经济受到美国金融危机冲击缩水4.7%,但2010年即强劲反弹,年增长率达3.6%。

1993年以来,中国政府致力于建立社会主义市场经济体制。一方面,放松限制促进私营经济发展,对国有企业进行股份公司制改革,使经济增加活力;另一方面,加强宏观调控,治理市场失灵的问题,减缓经济波动。这种政策取向明显借鉴了德国社会市场经济理论及其调控经济的经验。

二、治理制假售假,提高有效供给率

(一)提高有效供给率:政府必须严格治理制假售假的理论根据

20世纪90年代中期以来,中国形成了稳固的、供大于求的买方市场,但是其供给总量中混杂了大量假冒伪劣商品,需求总量中混杂了消费者被迫或主动购假形成的虚假购买力。这种供求平衡状况存在严重隐患,表面上市场购销两旺,而实质上消费者的需要并未完全得到满足,身心健康并未得到很好维护,甚至还受到了隐性伤害。

一旦发生恶性质量安全事故,消费者不仅会断然拒购事故产品,而且拒购浪潮会随恐慌情绪蔓延到同类其他产品,使整个行业陷入产品滞销积压,生产难以为继的困境。三鹿三聚氰胺婴幼儿毒奶粉事件就是典型例证。

以上分析说明,治理制假售假,提高有效供给率(质量合格产品占供给总量比例)极为必要而紧迫。这需要政府树立"有效供给"理念,并把它贯彻到供给管理中去,改变目前只求供求总量平衡而置品种结构平衡和产品质量平衡于不顾的调控理念与方式。供求平衡的完整含义是:商品供给不仅在总量上,而且在品种结构和产品质量上,都满足消费者需求;只有品种结构、产品质量和数量都完全满足消费需求的商品才构成有效供给量,反之则构成无效供给量;有效供给量占供给总量的比率越高,供求平衡状态越真实稳固,越有利于商贸流通业和国民经济平稳而快速地发展,反之则相反,而要提高有效供给率,政府就必须严格治理制假售假,挤掉供给总量中假冒伪劣商品的水分。这是中国政府必须严格治理制假售假的理论根据和根本理由。

(二)制假售假的危害

制假售假的危害主要表现在以下几个方面。

①浪费资源,形成无效供给,导致产品质量安全事故频发,耗费巨额治理费用。制假售假个人成本很低而社会成本很高,有很强负外部性。它耗费了社会资源却形成无效供给,并其产品不仅不能够满足消费者需要,而且还会对他们身心健康造成有形或无形损害。除此之外,它诱使不法之徒不断加入,使市场陷入"选择低劣化"恶性循环圈,导致产品质量安全事故频发,引发社会危机,迫使政府消耗巨额费用治理。

②导致市场选择低劣化,挫伤正品制造厂商研发新产品、提高产品质量的积极性,阻碍社会技术进步。阿克洛夫在一篇论述次货市场上逆向选择问题的经典论文中指出,由于信息不对称,充斥劣质产品的市场中会产生逆向选择现象,即劣币驱逐良币,劣质产品淘汰优质产品。在充斥劣质产品的市场中,消费者愿意支付的价格,低于正常价格水平,使正品厂商的生产成本不能够全部得到报偿,迫使他们向劣质产品厂商看齐或退出市场,从而导致市场选择低劣化。不法厂商生产假冒伪劣产品获得暴利,却使专利技术拥有者和正品制造厂商利润丧失,失去研发新技术、开发新产品的积极性,技术进步和新产品开发将因此而停滞,社会将为之付出沉重代价。

③挫伤费者信心,导致购买力萎缩,产品滞销积压缩。假冒伪劣商品充斥市场将使市场陷入选择低劣化的恶性循环,导致产品质量一轮又一轮走低,消费者信心一次又一次受挫。"买什么,吃什么安全?"成了困扰他们的大问题。疑虑踌躇消减了他们的购买欲望,致使购买力萎缩,产品严重滞销积压。

④使失信和腐败风气泛滥。市场一旦陷入逆向选择怪圈,生存压力会迫使厂商牺牲社会利益,降低产品质量。这种行为蔓延会导致社会诚信缺失,滋生钱权交易,使腐败行为泛滥。几乎每一起被查处的制假售假案件背后都有行贿、受贿等腐败行为。制假售假与腐败行为共生"共荣",败坏了社会风气,涣散人心,使社会道德沉沦。

制假售假阻碍经济社会顺畅发展,破坏社会安定,是经济社会肌体上的毒瘤，政府必须拿起严格治理这把手术刀把它切除。

三、治理制假售假的路径和措施

制假售假猖獗，产品质量安全事故频发是信息不对称和经济人自利性这些客观因素与诚信教育缺失、社会信用制度不健全、相关法律规范不完善、政府监管职能虚化、消费者拒假维权意识钝化等多种社会环境因素共同作用造成的，政府必须针对性地采取多种措施综合治理，才能够收到实效。

制假售假行为的主体是厂商，故而治理应以厂商为着力点，各项治理措施应最终指向和作用于厂商，以期达到提高厂商诚信经营意识，遏制制假售假行为。其中，开展诚信教育、加强行业自律管理、建立健全社会信用制度和完善法律规范是基础性措施，旨在构建诚信社会环境，促使厂商提高诚信经营意识；建立政府官员问责和质量监管人员追责制度、严惩渎职违法人员、强化政府质量监管职能是关键性措施，旨在增大厂商制假售假的个人成本和利益损失，阻止其实施制假售假行为；使消费者养成拒假维权意识、建立维权援助制度、降低维权成本、增强消费者拒假维权能力，这些都是辅助性措施，旨在把强烈拒假维权信号传递给厂商，防止其做出造假售假的行为。具体措施如下。

①开展诚信教育，加强行业自律管理，使厂家树立诚信经营的意识。成都武侯祠一名联的上联云：能攻心则反侧自消，从古知兵非好战。这是说攻心才能够从根本上瓦解敌方。这个道理在治理制假售假中体现为，促使厂商树立诚信经营意识，这是根治制假售假的基础性工作。人的行为受其思想意识支配，而人的思想意识来源于所处社会环境和所受教育，厂商亦然。因此，防止制假售假行为发生的根本措施是，在构造诚信社会环境同时，对厂商开展深入持久的诚信教育，并且加强行业自律管理，使厂商牢固树立诚信经营意识，这需要政府和行业协会联手，采取生动而具体的教育方式，持之以恒，这样才能收到成效。

②完善质量管理法律规范，实行严厉惩处制度，使厂商畏惧法律威力打消制假售假念头，使制假售假在源头得到遏制。中国现行质量管理法律规范不严密，惩处措施不严厉，使制假售假者存在侥幸心理，加上质量监管处于条块分治状态，存在"盲点""盲区"，使造假售假者有空子可钻。这是非法使用食品及饲料添加剂、蔬果农药残留超标等质量安全问题"久治不愈"的根源。因此，立法机关应完善质量管理的相关法律规范，建立严厉的惩处制度，这样才能产生震慑力，使厂商因惧怕承担法律责任而打消制假售假念头，使制假售假在源头上得到遏制。

③开展宣传教育，唤醒消费者拒假维权意识，建立拒假维权援助制度，增

强消费者拒假维权能力，形成强大制约力量，迫促使厂商诚信经营。消费者是厂商的衣食父母，还是制约厂商制假售假行为的重要力量。在消费者普遍拒假维权的市场中，制假售假者难以生存。但是，由于长期处在拒假维权成本很高的环境中，中国消费者拒假维权意识严重钝化，处于休眠状态，需要唤醒和激活。政府一方面应当开展拒假维权教育，唤醒消费者的拒假维权意识；另一方面应当支持消费者协会建立并实施拒假维权援助制度，降低消费者拒假维权成本，增强其拒假维权能力。这样才能够形成强大的制衡力量，迫使厂商停止造假售假行为，养成诚信经营良好习惯。

四、严格规制强势方构造公平交易市场环境

（一）交易双方市场权力有强弱之分

商贸流通领域中，交易双方的市场权力并不对等，而有强弱之分。这是由以下原因造成的。

1. 信息不对称

卖方从事生产经营活动，充分掌握其产品的成本和质量信息，而买方处于生产经营之外，仅了解产品外观上的少量信息，这种信息不对称导致买卖双方讨价还价的权力有强弱之分。卖方是强者，他可以隐瞒产品的不利信息而宣扬有利信息，抬高要价，诱使买方成交，而买方是弱者，若不货比三家，则很难识破卖方的伎俩，只能在不公平的条件下成交。

2. 掌握营销渠道资源多寡

市场竞争、优胜劣汰使中国商贸流通行业市场集中度不断提高，趋近垄断竞争市场结构。据统计，目前我国排名前5位的连锁公司年销售额占有全国连锁公司总销售额的20.9%。他们掌握了庞大的营销渠道网络和巨量采购额，是市场中的强者，而他们的供应商则处于无组织分散化状态，仅掌握自身少量有限货源，是市场中的弱者。笔者曾构建理论模型，从组织化程度高低、掌握专用性资产多寡、替代性强弱、转换成本高低和在渠道中所处位置是否有利5个方面分析评价连锁公司与单个供应商的渠道权力状况，得出与前述分析相同的结论：连锁公司渠道权力超强，单个供应商渠道权力过弱。推而广之，控制货源渠道的批发商与单个零售商之间、经营大卖场的零售商与单个顾客之间都不同程度存在市场权力强弱之分——前者强后者弱。

3. 一些企业拥有垄断和寡头市场地位

垄断是指某些行业市场上只有唯一卖者供给产品的市场结构。寡头则是市场上只有几个卖者提供相同或相似产品的市场结构。这两种市场结构中，垄断和寡头企业控制了产品供给，拥有超强的市场权力，广大顾客和用户则是无力与之抗衡的弱者。由于市场化改革不彻底，中国一些本应向民营资本开放的行业至今还没有开放，造成诸如卷烟、食盐、民航、铁路运输、银行、石油销售等行业被国有垄断和寡头公司控制，加上自来水、天然气和电力供应等行业的自然垄断，致使中国民众不得不与更多（与成熟市场经济国家相比）拥有超强市场权力的卖者交易，自身利益难免会受到侵犯。

（二）强势方滥用市场权力行为的根源

前已述及经济人有自利性，而且威廉姆森指出，经济人自利性中隐藏着机会主义动机，外部条件适合时，可能转化为损人利己的行为。交易强势方具有的市场权力优势会助长和强化其自利性中的机会主义动机，使其产生滥用强势市场权力、侵占弱势方利益的内在冲动。此时，如果政府规制健全，使强势方观察到滥用市场权力的行为会受到严厉惩处，得不偿失，那么他们会克制其损人利己的内在冲动，不实施滥用市场权力行为。反之，如果政府规制缺失，使强势方观察到滥用市场权力不会受到惩处，得大于失，那么他们就放纵其损人利己的内在冲动，滥用市场权力行为，侵占弱势方利益。21世纪初，中国本土连锁公司发育，导致零售业市场集中度提高，但由于缺乏管理渠道冲突的经验，政府未能及时制定和施行遏制大型零售企业滥用渠道权力的法规，致使连锁公司凭借其超强的渠道权力多收费、乱收费，甚至侵犯供应商利益的事件频发。据供应商反映，连锁公司除了按契约规定向供应商收取进场费和条码费外，还要收取旧店翻修费、新店开业费、开业周年费、节日庆祝费、新品上架费、产品推销费和合同续签费等名目繁多的契约外费用。一家大型连锁公司据此可敛财数千万元。这导致连锁公司与供应商之间的渠道冲突频发。这种乱象一直延续到2005年10月商务部出台《零售商与供应商进货交易管理办法》和《零售商促销行为管理办法》才得到遏制。由此可见，政府规制缺失是交易强势方滥用市场权力的根本诱因，加强规制则可以使其得到遏制。

（三）加强规制构建公平交易秩序

不公平交易普遍化有强烈危害性。它使弱势方感到压抑和屈辱，不信任强势方，降低交易积极性；它滋生隐性渠道冲突，导致恶性渠道冲突频发，破坏渠道稳定性，扰乱市场秩序，使商贸流通业不能平稳而快速地发展。加强规制、制止强势方滥用市场权力、构建公平交易秩序，这是社会公共职能，只能由政府承担和履行，所以政府应当做到以下几点。

①继续推进重点行业的市场化改革，削弱垄断和寡头企业的市场地位。除少数维系国家经济安全的特殊行业外，其他行业如食盐和卷烟批发、成品油销售、银行、保险、邮电通信、民航和铁路运输等都应当开放，允许民营资本进入，以打破国有垄断和寡头企业一统天下的格局，削弱其市场地位。即使自然垄断行业，如自来水、天然气供应、电网和铁道路网等，也应当对垄断企业做适当分拆，尽可能引入竞争机制，弱化其垄断地位。

②制定法规并加强监管，强制卖方充分披露（除商业秘密外）产品质量真实信息，方便买方查询，弱化买卖双方信息的不对称程度，降低不公平交易发生率。

③完善约束强势方市场行为的法规，进行严格监管，制止强势方滥用市场权力。

④支持弱势方，如消费者和供应商可以建立协会，提高组织化程度，增强他们讨价还价和维权的能力。在司法、行政和民间三个层面上，建立支持弱势方维权的援助制度，降低弱势方维权成本，使其敢于维权，形成威慑力，防止强势方滥用市场权力。

⑤依托行业组织对强势方企业员工尤其是高管人员，开展"共赢"理念教育，使他们明白：自身企业的命运与弱势方休戚相关；交易收益是双方共同创造的，只有合理分割才能维系双方关系；侵占弱势方利益最终会殃及自身。从而使企业员工尤其是高管人员树立"共赢"理念，防止强势方滥用市场权力。

只要政府持之以恒地做好上述工作就一定能够遏制住强势方滥用市场权力的冲动，扭转不公平交易普遍化的局面，营造有利于商贸流通业平稳而快速发展的公平交易市场氛围。

第六章 基于现代化建设的商贸流通业发展战略

本章主要以现代化建设时代背景下的商贸流通发展战略为主要研究对象,通过对国际商贸流通现代化的经验进行总结得出适合我国现代化商贸建设流通业发展的有效路径。

第一节 国际商贸流通现代化的经验借鉴

一、当代商贸流通现代化的发展趋势

(一)现代科学技术的最充分和最广泛运用

在市场经济条件下,流通产业也如同其他产业一样,技术进步不断加快,资本有机构成不断提高。这一现象的表现就是现代技术在商贸流通中的运用更加快速,特别是信息化技术全面提升了商贸现代化水平,电子商务将成为商贸活动的一种主流形态,成为企业竞争的一种有效手段。

首先,二者的结合形成了不同于传统市场的、新的市场空间。这一市场具有虚拟性、开放性、即时性、互动性等特点。

其次,它创造了全新的商务模式,信息流将在其中起主导作用,其基本特征是,流通企业的战略决策及市场营销等都以数据库为核心;传统的业务流程和运作方式让位于开放式的、非常直接的交易方式;以产品管理为中心转向以消费者为中心等。

国外流通业目前采用的信息技术主要包括条码技术、POS 销售系统和各种数据库分析软件、电子数据交易、计算机辅助订货、计算机补货系统等。目前美国食品产业中已有约 80% 的批发商和配送商依靠互联网销售,超过半数的食品企业设立了网站,其中 82% 可以根据客户的需要提供产品信息,76% 已将产品展示在网页上,50% 可以通过网络订货。日本全国有 36 000 家便民连

锁店借助互联网进行商品的订购和货款的支付，同时让顾客在就近的便民连锁店取货。随着信息技术的进一步发展及其在流通业中更为广泛的运用，尤其是互联网的普及和电子商务的兴起，当今发达国家的流通业将会发生一场新的全面的革命。

（二）各种商业业态相互渗透

国外流通业目前的基本格局是：批发、零售互相渗透，零售渐居主导地位；有形与无形相结合，百货公司、超市、购物中心、专业店、专卖店、便利店、货仓式商场、折扣店、旧货店、跳蚤市场、电视购物、网络购物等多种业态并存。业态多样化实质上是流通主体适应竞争的需要而进行的市场细分，以特色化和差异化经营来满足目标顾客的多元化消费需求。

（三）流通组织两极分化更加严重

一方面，实力强大的流通企业加速扩张，通过兼并、联合、连锁等形式，逐步形成区域性、全国性甚至全球性的大型企业集团。在德国大型商场领域，卡尔施泰特万乐集团和麦德龙集团这两家连锁集团瓜分了德国市场。德国的大型商场不是卡尔施泰特万乐集团就是麦德龙集团。法国的家乐福年销售额近600亿美元，拥有店铺千余个，分布在十几个国家。上述现象既是流通企业间多年竞争的结果，同时也表明流通领域也存在着规模经济优势。大型流通企业，尤其是大型连锁超市，可以发挥集中采购优势，从供应方得到价格优惠。同时大型流通企业可以通过各分店商业设施的统一化、标准化，降低设施建设及运营成本。一方面大型企业可以依靠其雄厚的财力，集中进行小企业无力从事的广告营销、市场调研，甚至产品开发等活动；另一方面，在流通企业变大、变强、联合、集中的同时，中小流通企业仍将占据相当数量和比重。二战尤其是20世纪70年代以后，随着各国政府对各自流通经济结构和政策的调整、修订，对中小流通企业采取了扶持、保护政策，中小流通企业也都得到了发展。中小流通企业作为流通产业和社会经济生活的重要成分，在促进流通产业结构合理化、吸纳社会劳动力、创造就业机会、活跃市场、丰富和方便居民生活等方面都起着不容忽视和不可替代的作用，因而未来其仍有生存和发展的空间。

（四）政府强化宏观调控和政策支持

从国外的统计数字来看，流通业所创造的产值在GDP中的比重一直在上升。最近十年，发达国家流通业对国民经济的贡献率一般为20%～25%，而新兴市场经济国家和发展中国家在10%左右。美国商业产值在第三产业中居首位，在国民经济各部门中其产值仅次于制造业。日本在流通部门的就业人数约占全国就业总数的 1/4。澳大利亚服务业产值占 GDP 的 60% 以上，就业人数在 70% 以上。流通业作为社会化大生产的一部分，对国民经济的影响巨大，各国政府在充分运用市场机制调节配置流通资源的基础上，应根据各自实际情况，不断加强对本国流通产业的宏观调控和管理，主要措施和手段包括以下几点。

①设置相应的专门机构。基本上所有的国家都有主管流通行业的部门，如日本的通商产业省、美国的商务部、英国的贸工部等，这些机构又下设地域性的或更细化的分支机构。除此之外，政府仍支持和鼓励其他一些半官方的或纯粹自发的、民间性的行业组织或消费协会等。

②制订和实施不同的法律、法规。有的国家实行全国性的流通计划，如日本政府曾制定实施全国性的流通现代化、合理化体系；有的出台一系列具体的法令法规，内容涉及反垄断、保护市场竞争、扶持中小流通企业商业网点合理布局、零售业态分类、特种商品的经营限制或许可等。由于全球化和电子商务的发展，未来世界各国将在流通规划、新型业态与交易方式等方面制定和实施更多新的法律、法规。

③加强管理。政府要投资兴建和规划管理诸如大型批发市场、物流配送中心、商贸流通信息网络之类的流通基础设施。日本政府是开办农产品批发市场的主体，并由中央和地方等不同级别的政府分别进行统一而高效的管理。美国农业部及各州市场新闻局为社会提供市场供求状况的价格信息，用应用卫星、地面接收站、微电子、大屏幕显示设备把市场信息传递到全国，每次信号传递达 5 亿个。

④进行市场开发。政府应组织各种各样的交易展览、人员培训等，协助流通企业进行市场开发。

二、发达国家推进商贸流通现代化的主要特点

（一）在商贸流通体制上主要采用"市场配置资源，政府适度调控"

欧美日发达国家商贸流通产业全部实行非公有制，这样一种所有制结构是由流通产业自身作为完全竞争产业的属性所决定的，它给流通产业带来了市场化的导向与旺盛的经营活力。流通资源的配置早已实行了市场经济体制，国家对于市场运行的管理主要采用的是"市场配置资源，政府进行适度的、间接的宏观调控"体制。而政府进行的宏观调控主要是通过行业协会等市场中介组织来实施的。商贸流通产业的宏观调控主要通过商会等组织来实施，如法国巴黎

的商业运行主要是由巴黎工商会间接管理，它代表商业企业主对政府提出意见，帮助商业企业进行财务、税收、法律咨询，提供信息服务，负责所在地区的商业企业职工培训，提升员工素质；参与地区规划、改造，促进地区协调发展。政府一般不直接干预商业的发展，因此巴黎工商会成了政府与商业企业之间的桥梁与纽带。同时，长时间的市场经济运作使包括商贸企业在内的所有企业习惯了优胜劣汰的法则，公众公司和私人公司均有一套健全的体制与机制。因此，商贸流通业的发展充满活力。

（二）商贸流通业发展国际化

发达国家鼓励本国大型流通企业由本国市场向外国市场扩展，同时也向国外流通企业开放本国市场。当今，流通产业的经济活动已不再局限于本国市场，更多的是面向国际市场。随着生产和市场的日益国际化，尤其是信息网络技术的发展，境外发达国家的流通产业已实现较高程度的国际化，出现了流通资源及资产配置和分布的国际化、流通企业经营活动范围的国际化、流通企业利润来源的国际化。其基本标志是：一方面，各国大型流通企业均将自己的经营范围由本国市场扩展到外国市场；另一方面，各国又在较大程度上向国外流通企业开放本国市场，如日本一向高度保护本国流通市场，1974年其出台的相关法规中明确确定，凡是营业面积超过500平方米的店面，均需事先向有关部门专题报告，注明预定开业日期、商场面积和营业时间，报告送交至一个代表当地零售商和消费者的团体来审核，如果有问题他们将研究报告交给政府，再由政府通知申请投资商修改计划，如缩小商场面积、缩短营业时间或是延迟开幕等。但从20世纪90年代开始，在国内外业者强大的压力下，日本政府终于开始放宽这项法令，为外国零售商扩展日本市场打开一扇门。其中，第一项重大改变发生在1992年，日本政府宣布缩短大型零售店的审核时间；而另一项重要转变则在1994年，日本政府同意零售商可以任意设立100平方米以下的商店，而其强制休假则从一年44天减少为24天，营业时间亦可延长为早上7点至晚上8点。这项法令的放宽确实大大地改变了日本的零售市场，也为外国零售商开发日本市场带来了机会，一度使日本成为美国在海外发展连锁店最为迅速的国家。与此相应，各国流通体制都重视与国际市场接轨，国内流通领域充分实现对外开放，与国外流通产业在组织、资本和营销活动等方面融合或联合。

三、发达国家和地区推进商贸流通现代化的经验对我国的启示

（一）流通体制创新是加快推进商贸流通现代化的基础

体制创新必然带来运行机制的创新，运行机制的创新必然导致流通效率的提高。改革开放以来，我国商贸流通体制改革取得了巨大的进展，但与市场经济发展的要求及世界发达国家流通现代化的发展趋势相比还存在以下一些问题。

一是公有经济仍然占有相当的比重。流通产业作为一个完全竞争性行业，公有经济过高的比重必然导致流通企业的产权不明晰、政企不分、运行机制不活、行为不规范，从而与世界贸易组织（WTO）和市场经济发展对企业发展的要求有较大差距。

二是现代企业制度尚未完全建立，部分企业产权制度改革尚未完成，已改制的企业内部治理结构也不完善。

三是内外贸体制依旧在分离中运行，这种分离体制与WTO中关于非歧视原则、公平交易原则、取消数量原则、贸易互惠原则及透明度原则不相适应。

四是市场机制充分发挥作用的程度不够，使商贸业的发展受到了一定的影响。

五是行业协会不健全、不完善，不能有效地发挥其作为政府和企业的桥梁与纽带的作用，并且不能在行业发挥服务、自律、协调、监督的职能。

（二）流通产业的科学与系统性布局是商贸流通现代化的一个重要条件

对流通产业的科学与系统性布局是市场经济条件下国家干预经济的重要表现，是提升城市商贸流通现代化的重要手段。与发达国家的大中城市比较，我国商业网点规划与布局的水平还不够高。

一是商业布局没有形成理论依据。例如，隔多远开一个店？开多少店？开什么类型的店？开多大的店？一个大商场的商圈有多大？一个商业群的商圈有多大？对于这些问题，没有一个理论上的依据。

二是城市商业布局在一定程度上各区（县）自行其是，不尽合理。从宏观的、长远的视野看，出现了资源配置浪费的现象。

三是商业网点布局结构上不均衡。大百货店等传统业态在有的市区过多，而在新城区、郊区出现商业网点短缺的现象。

（三）推进流通现代化必须与加快工业化进程有机结合

政府在社会主义初级阶段大力推进商贸流通现代化时，应与推进工业化进

程目标一致。城市的发展离不开工业化，工业化又必然带动商贸流通服务业发展。一个城市工业化水平越高，其商贸业越发达。城市商品经济快速发展，城市工业化水平迅速提升推进流通现代化建设不断加快。一方面，近几年以深圳为代表的沿海城市正好赶上以 IT 为代表的新一轮技术发展和产业升级，第二产业的迅速发展为第三产业的发展提供了大量商品资源，提供了发展第三产业必需的消费需求，为推进流通现代化奠定了坚实的基础。另一方面，在市场经济条件下要走一条新型工业化的路子，人们就更要重视流通对工业化的建设起到先导作用，在一定条件下市场和流通要先行一步才能更好带动工业生产，促进工业生产。

（四）大力推进商贸流通企业的规模经营是商贸流通现代化的重要表现

商贸流通企业的规模经营会形成大规模吞吐商品，大范围拓展市场，拉动工业化，真正实现市场配置资源导向的目标。改革开放以来，我国沿海城市，如上海、深圳等城市的商贸现代化是靠一批规模经营的龙头企业作为支柱和先导的，发达国家更是如此。与美国、日本、欧洲等国外商业航母式规模、低成本经营、极强的技术创新能力相比，我国商业普遍存在着布局散、规模小、效益差、竞争力低等问题，差距很大。因此，大力推进商贸流通企业的规模经营是推进我国商贸流通现代化的重要工作。

第二节 基于现代化建设的商贸流通结构优化

一、商贸流通结构优化的意义

（一）商贸流通结构的含义及内容

商贸流通结构是指商贸流通活动要素之间的比例关系及其经济联系，它包括商贸流通主体之间、商贸流通客体之间及主体与客体之间的比例关系及其经济联系，主要包括所有制结构、行业结构、业态结构、网点空间结构、商贸流通组织结构、商圈结构、商品结构、技术结构、内外贸结构等。

1. 商贸流通主体所有制结构

商贸流通主体所有制结构是指构成商贸流通的行为主体对财产的占有形式及其比例关系，包括各种商贸流通经济形式的性质、彼此关系、数量界限和特征。其中，性质是指所有制整体结构的社会属性，是以生产资料的归宿或占有形式作为判断的标准,它在流通领域主要表现为所占用的商品资金、货币资金、固定资金及其他物质资料归谁所有;彼此关系是指各种所有制形式在社会的地位及其相互关系,这种关系又表现为主体与从属关系、主导地位和辅助地位的关系;数量界限是指各种所有制形式所占的比例及其变化趋势,数量变化可能引起主体地位的变化,从而使社会性质发生变化。

2. 商贸流通行业结构

商贸流通行业结构是指商贸流通内部各种经营对象之间的构成和比例关系,由商业、饮食业、服务业、修理业四大行业构成。它是流通生产力构成和布局的重要内容,体现了商贸流通活动的物质基础和经济内容。

3. 商贸流通业态结构

商贸流通业态结构是指商贸流通企业为有利于销售商品和获取盈利而采用的,具有相对稳定性,又有明显特性的企业组织类型和经营方式的具体形态,如从经营方式的角度看,有百货商店、自选商场(超市)购物中心、专业商店及无人售货柜等形态;从零售业组织形式看,又可分为单个商店、连锁商店、特许经营店、租赁经营店、垂直销售系统商店等。我们可把百货等传统经营方式称为传统业态,把超市等称为现代业态。

4. 商贸流通网点空间结构

商贸流通网点空间结构是指商贸流通企业在地域上的布局和关系状态,具体包括城市网点空间结构、农村网点空间结构以及城乡网点的比例和配置。

5. 商贸流通组织结构

商贸流通组织结构即商贸流通企业组织的规模、类型状况,按规模划分,有大型、中型、小型企业结构;按专业划分,有综合型、专业型、混合型流通企业。

6. 商圈结构

商圈结构是指商店或市场吸引顾客的地理区域。它是以商店或市场为中心向四周扩展构成一定的辐射范围而形成的,包括核心商圈、次级商圈和边缘商圈三部分(见图6-1)。商圈按不同的方法可分为城市商圈、农村商圈;批发市场商圈、零售商店商圈等。各种商圈都有一个合理的边界范围和辐射半径,互相联系,互相补充。

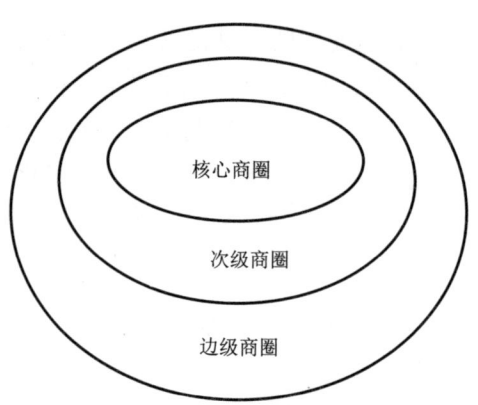

图 6-1　商圈图示

商贸流通结构有内在关联，业态结构同规模结构紧密相连，百货店一般规模较大，而便利店一般是小型店铺，特别要指出的是商贸流通同生产、消费、交通、金融等领域的关系十分密切。如果没有健全的批发结构，工农产品是很难顺畅流向零售和消费领域的。消费水平和结构是零售的行业结构、商品结构、业态结构的经济基础。城市商贸流通网点空间结构是商贸流通同城市交通状况互动的重要因素。商贸流通发展水平及其各种结构状况是金融业发达的必要条件。总之，商贸流通结构是经济结构的重要内容，在国民经济中有着至关重要的地位和作用。

（二）商贸流通结构优化的内容

商贸流通结构优化是一个动态的概念，它在不同的发展阶段、不同的发展时点、不同的发展地点上都有不同的优化内容，其主要表现如下。

1. 商贸流通结构的科学化

商贸流通结构的科学化主要是指商贸流通结构的形成既反映了市场经济的客观规律要求，又体现了商业自身发展客观规律的本质特点。例如，批发与零售结构的科学化，既有利于商品迅速由生产领域进入流通领域，又有利于商品迅速从流通领域进入消费领域，从而有利于加快实现商品的价值和使用价值。这正是价值规律的要求，也是社会生产消费客观规律的要求。此外，商品主体所有制结构、商业企业组织结构、商业网点布局结构都有一个遵循客观规律要求的问题。

2. 商贸流通结构的合理化

商贸流通结构的合理化也是结构的均衡问题，在商贸流通结构上的反映主要体现在两方面：首先是商贸流通业内部比例的协调问题，其次是商贸流通与外部环境的适应问题。比例协调的商贸流通结构应当不存在商贸业明显的超前发展与滞后发展问题，因为无论是超前发展还是滞后发展都表明商贸流通业与生产发展状况和市场消费需求所要求的发展比例不相适应，是对社会资源的一种浪费。比例协调的商贸流通结构更不会存在发展过多或过少的问题。过多的发展是一种雷同的、盲目的发展，不仅会导致行业内的过度竞争，而且还会极大地影响整个商贸流通结构系统的资源转换效率和产出能力。比例协调的商贸流通结构的内部比例关系能相互协调适应。

3. 商贸流通结构的高度化

商贸流通结构的高度化是指商贸流通产业结构随着生产结构、消费需求结构的变化向更高一级演进的过程，是一个永不停息的过程。同时它也是一个相对概念，它是商贸流通结构在需求拉动、科技推动、竞争促发等动因作用下的演进过程中，在一定的经济发展阶段里针对现有的社会生产力水平，尤其是科学技术发展水平而言的。

商贸流通结构的合理化与高度化有着密切的联系。商贸流通结构的合理化为商贸流通结构的高度化提供了基础，而高度化则推动商贸流通结构在高层次上实现合理化。结构的合理化首先着眼于商贸流通发展的近期利益；而高度化则更多地关注结构成长的未来，着眼于商贸流通发展的长远利益。因此，在商贸流通结构优化的全过程中，人们应把合理化与高度化问题有机结合起来，以商贸流通结构的合理化促进商贸流通结构的高度化，以商贸流通结构的高度化带动商贸流通结构的合理化，在商贸流通结构的合理化过程中实现商贸流通结构高度化的发展，在商贸流通结构高度化中实现对商贸流通结构合理化的调整，只有这样才能实现商贸流通结构的优化。

（三）商贸流通结构优化的意义

商贸流通结构优化是商贸流通要素——人、财、物优化组合的具体表现，能适应生产规模和消费结构的需要，得到最好的商贸流通效益。

1. 有助于加快商贸流通现代化的进程

商贸流通结构是商贸流通现代化的重要组成部分，结构优化将有助于加快商贸流通现代化的进程。商贸流通现代化包括商贸流通制度及商贸流通组织现代化、商贸流通网点建设现代化、商业物流现代化、商贸流通业态现代化以及商贸流通管理现代化等内容。这些内容大部分都涉及了商贸流通的结构问题，如商贸流通组织现代化就不可避免地要研究商贸流通企业的所有制结构、产权治理结构等问题；商贸流通网点现代化的一个主要内容就是网点布局的现代化；商贸流通业态现代化的核心问题就是业态结构问题。同时，商贸流通结构优化与商贸流通现代化也是一种相互影响、相互作用的关系。商贸流通结构优化对于推进商贸流通现代化的进程具有重要作用，而商贸流通现代化实现的一个重要标志是商贸流通结构优化，它们是相互影响、相互促进的。

2. 有助于促进国民经济持续快速健康发展

商贸流通作为生产与消费的中介，与国民经济各个部门都有极其密切的联系，其结构优化将有助于促进国民经济持续快速与健康发展。商贸流通既服务生产，又服务生活，如果不具备一定的发展规模和合理的结构，不能与其他部门保持一定的比例关系，其结果必然无法满足生产与消费多方面的需要，也必将影响整个国家与社会的经济发展。

3. 有利于专业化、商品化、社会化生产的发展

随着市场经济的发展和产业结构的合理调整，生产逐步趋于专业化、商品化、社会化，这就要求商贸流通不仅在网点和从业人员上适应商贸流通总量增长的需要，而且在商贸流通结构上也要优化，在数量、构成、布局上科学、多样、适度，这样才能适应工业品多品种、小批量、快变化和农副产品生产分散零星的特点。

4. 有利于满足人民生活水平不断提高的需要

随着工农业生产的发展，居民生活水平不断提高，人们的消费结构不断发生变化。其总的趋势是：在居民消费支出中，吃的比重下降，穿的比重上升；低档商品比重下降，中高档比重上升，副食比重上升；生活必需品消费的比重下降，旅游、文化、娱乐等消费的比重上升。这就需要不断增加生活服务业的比重，有重点地扩大中高档商品的经营规模，调整商贸流通的行业结构、经营结构、商品结构，以适应消费结构多层次和人民生活方便化、高质化、多样化的要求。

二、推进商贸流通结构优化的战略举措

（一）推进商贸流通结构优化的战略构想

1. 战略目标

围绕基本实现现代化，建成现代化区域性中心城市的战略目标，政府要积极应对经济全球化、经济结构升级的挑战，以产业调整、优化、升级、创新为主线，实现传统商贸流通业向现代商贸流通业的转变，顺应城市建设的发展要

求,以建成一个地方特色较强的现代化商贸中心为目标,以建设大型特色商业街市为重点,按照经济区域和商品的自然流向设置结构、扩大网点、建设市场,努力形成由现代信息技术和其他先进技术共同支撑的布局合理、行业齐全、适应生产、服务生活的现代化、市场化、国际化商贸流通结构,全面提高商贸流通业整体发展水平,以形成大市场、大流通、大贸易的新格局。

2. 战略重点

推进商贸流通结构优化的重点是构架五大发展体系,如图6-2所示。

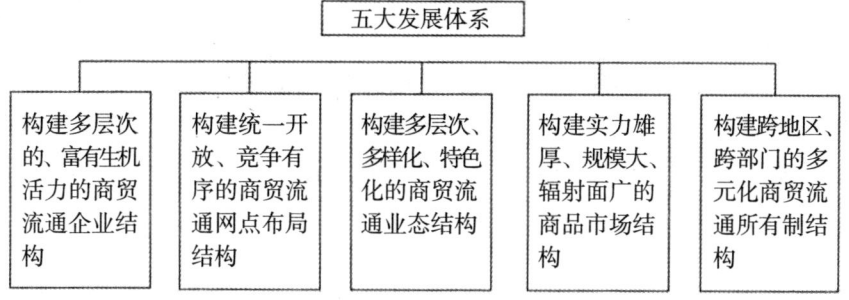

图6-2 五大发展体系

①构建多层次的、富有生机活力的商贸流通企业结构。商贸流通企业要在深化产权制度改革、全面理顺劳动关系的基础上与"小而专,专而特"的中小企业相结合。政府在重点中心城市可按市场规律在企业自愿的基础上组建几个上规模的、多功能的商贸产业集团,同时大力支持有特色、专而精的中小企业发展。

②构建统一开放、竞争有序的商贸流通网点布局结构。有关部门要从经济发展和商贸流通网点建设的实际出发,合理控制总量,突出发展重点,推进商贸流通网点的战略调整,建设各具特色的商业中心与商业街区,充分发挥各级商贸流通中心及整个商贸流通网络的协同效应,逐步建立与我国经济发展、城市建设相适应、布局合理、功能齐全、统一开放、竞争有序的商贸流通网点布局新体系。

③构建以现代流通业态为主导的多层次、多样化、特色化的商贸流通业态结构。商贸流通业要以接轨世界为目标,进一步调整和完善流通业态,使传统业态向现代业态转变。零售业态的发展要与商贸流通业整体竞争力和创新建设相结合,与方便群众和满足多层次需求的要求相结合,引导商贸流通企业向专业化、特色化、连锁化方向发展。这就需要政府突出发展各种类型的综合连锁、专业连锁、品牌连锁、超市连锁,有计划地将连锁店下伸到新居民区和重点城镇;

要大力发展旅游商业、会展商业及文化休闲商业等新型商业网点；要重视发展新型社区商业，形成社区商业网络，使商贸流通业呈现多业态繁荣的格局。

④构建实力雄厚、规模大、辐射面广的商品市场结构。商品市场的规范发展必须依据客观经济发展要求，依据我国的经济发展情况及各类专业市场发展所需条件来规划、发展，重点是要规范发展农产品市场、消费资料市场与生产资料市场，引进有一定实力的品牌企业，挖掘市场潜力，拓展发展空间，大力发展具有品牌特色的专业市场。

⑤有关部门要依据中央"抓大放小"及"国有企业退出竞争性领域"的精神，采取股份制、股份合作制、出售、破产等多种形式推进国有商贸企业的改革，以利于形成跨地区、跨部门、跨所有制的资本运作，使投资主体多元化；要采取强有力的措施发展非公有制商贸业和混合所有制商贸业，积极稳妥地引进外资商贸企业，促进我国商贸流通业实现跨越式发展。

（二）推进商贸流通结构优化的战略措施

商贸流通业在国民经济中具有重要作用，它不仅可以实现资源的合理配置，而且对其他产业还具有很强的先导作用和辐射作用。因此，我们要通过一系列有效举措优化商贸流通结构，进而促进产业结构调整。

1. 加大政府扶持，完善发展环境

发展商贸流通业受益的是整个国民经济。无论是先导效应还是对资源的优化配置效应，都有利于我国产业结构调整的大局。为发展商贸流通业政府应做到以下几点。

一是从政策上扶持。对商贸流通业在税收、收费等方面给予减免；对经济欠发达地区的商贸流通业可以实行补贴，鼓励商贸流通企业加大技术创新和管理创新，加快发展速度；对进入经济欠发达地区和农村地区的商贸流通企业给予土地、税收等方面的优惠政策；在制定全国商贸流通业发展规划时，对属于全国商贸流通网络的区域配送中心、仓储中心等基础设施用地予以倾斜和支持。

二是从人才培养上扶持。商贸流通业从业人员的整体水平较低是不争的事实，大量物流配送人员大多是没有受过专业培训的农民工，即使是许多商贸流通企业的管理人员，大多也没有受过专业教育。人才素质不高制约了商贸流通业对先进管理技术和设备的引进使用。因此，政府应进一步健全商贸流通人才培养体系，引导校企合作，提高人才培养的针对性。另外，针对当前商贸流通业待遇低、难以吸引人才的问题，可以通过实行商贸流通业人员低税政策，引导人才流入，进一步提升商贸流通业人才整体素质。

三是加大商贸流通基础设施投入。一方面,要加大全国基础设施建设力度,加大中西部地区特别是农村地区的道路建设,加快形成全国航空、铁路、公路网络,为商贸流通业的效率提升提供更大支持,同时根据区域间基础设施建设差异问题,加大全国商贸流通发展的统筹力度。另一方面,要加大商贸流通基础设施建设力度,通过政府财政投入、引导社会资本进入等方法,大力构建全国统一的商贸流通体系,着重加强区域物流配送中心、多种交通方式的无缝衔接中心等基础设施建设,加大对先进技术设备的引进力度,为商贸流通业升级提供帮助。

四是引导发展现代商贸流通业。随着我国经济的不断发展,特别是在当前经济新常态背景下,经济增长方式转变和产业结构调整都离不开商贸流通业的支持,而且商贸流通业作为服务业的重要部分,在扩大内需上还承担着十分重要的职能。但国民经济发展对商贸流通的需求主要是对现代商贸流通业的需求,这就需要政府加大引导,使商贸流通业从传统模式向现代商贸流通业转变,积极开展产业模式创新、领域创新。例如,鼓励有实力的商贸流通企业通过兼并、重组,扩大规模和实力,引进先进管理理念。在农村地区推广小型连锁超市与村民服务站一体的商贸流通终端等。

2. 鼓励行业创新,提高技术水平

借助电子商务发展现代商贸流通业。在我国产业调整结构之机,面对国外商贸流通企业的竞争压力,国内商贸流通业要努力提升技术水平。可以借力电子商务的发展势头,实现我国商贸流通业的弯道超车。相对于传统的商贸流通业,电子商务更适应现代消费者的消费需求。随着现代社会生活节奏的加快,人们在消费购物中越来越重视时间、便捷、丰富等要求。通过电子商务人们可以足不出户就在网络上完成购物,不满意还随时可以退货,可供选择的商家也很多,这使电子商务得到了更多消费者的青睐。因此商贸流通业应借助电子商务大力发展现代商贸流通网络。例如,推进物流配送网络建设,特别是打通农村物流配送的最后一公里,在农村建立集物流配送和村民服务为一体的综合服务站。

大力推进商贸流通业创新。创新是商贸流通业发展不竭的源泉,也是商贸流通业适应当前经济新常态的重要条件。

一方面,零售业作为商贸流通业的主要组成部分,对于发展商贸流通业具有重要影响,同时零售业是连接消费者与生产者中间商的关键环节,其发展水平直接影响商品的效益与生产商的发展。沃尔玛、家乐福等全球知名的零售连

锁企业在中国市场已进入三四线城市，一旦形成更完善的网络，其采购、物流配送等方面的竞争优势会进一步放大，因此我国零售连锁企业创新势在必行。所以，人们要从提升零售网点的便利性与服务水平，打造连锁零售企业的品牌竞争力和规模效应等方面入手，不断提升零售企业的市场竞争力。

另一方面，重点围绕如何实现更突出的资源集聚、更快的物流配送服务、更健全的市场信息服务等进行创新，形成批发企业的新竞争优势，促使其向现代批发企业转变，大力推进组织管理制度创新。

在我国商贸流通业快速发展的今天，国内商贸流通企业获得规模优势已不是难事，但管理水平往往难以获得同步提升。相对而言，商贸流通业的组织管理制度创新要远比外在表现形式的创新难得多，而这些正是国外商贸流通企业十分重要的产业竞争优势。国内商贸流通企业应该虚心向国际商贸流通巨头学习先进的管理制度和管理模式，并结合企业实际和国内市场环境进行创新，逐步建立可以在全行业推进使用的、新的管理体系，从而推动商贸流通业的创新发展。

3. 缩小区域差距，实现均衡发展

城乡商贸流通存在的差距不利于商贸流通业的转型升级，也不利于形成全国统一的商贸流通市场，已成为制约城乡统筹发展的重要障碍。

一方面，政府要加强农村商贸流通基础设施建设，建成全国统一的、更有效率的商贸流通体系。企业针对农村居民不同于城市的消费习惯，建设现代农村商贸流通渠道。例如，建立农村物流配送中心，取代目前效率低下的露天集贸市场；围绕工业品下乡农产品进城的政策，建设新型村民服务中心，赋予其商品销售、农产品收购及自选超市等功能，完成对农村夫妻店、代售点等模式的更替。

另一方面，推进商贸流通人才向农村的转移。现代商贸流通人才不足是农村商贸流通业发展缓慢的重要原因。政府应开展与商贸流通相关的免费专业培训，引导农村剩余劳动力进入商贸流通领域，特别是针对有创业意愿的进城务工返乡人员进行免费培训；出台财政资金投入、税费减免等优惠措施，鼓励农村商贸流通业的发展。

缩小东中西部商贸流通区域发展差距。商贸流通业是我国产业转型升级的重要推动力，针对中西部商贸流通与东部地区的巨大差距，政府要从政策上扶持、引导其发展。

一是发展当地经济，提高当地居民购买力，进而推动当地商贸流通业发展。

地方政府要结合国家正在推行的居民收入倍增计划，通过经济发展促进社会消费品零售总额的增长，使新型商贸流通业不断发展。

二是结合西部大开发、中部地区崛起等国家发展战略加快中西部商贸流通区域中心建设，完善中西部商贸流通业基础设施，促进其商贸流通业发展。

三是鼓励东部发达地区的现代商贸流通企业向中西部转移。从财政资金投入、税费减免、信贷扶持等方面鼓励有实力的东部商贸流通企业将连锁经营范围拓展到中西部地区，推动当地商贸流通业的升级换代。例如，在当地城乡建设大型廉价超市，既为当地的资源运出来提供途径，实现可持续发展，又为先进工农业产品、生产资料的进入提供可能，打造与外界连通的、便捷的商贸双向流通体系。

第三节　基于现代化建设的商贸流通名牌战略

一、名牌在推进商贸流通现代化中的作用

（一）商贸流通业名牌的含义、特点与类型

所谓商贸流通业名牌（以下简称商贸业名牌），是指在市场经济条件下，从市场竞争中脱颖而出，得到社会公众认可，受到法律保护，能够产生巨大效应的商业商品品牌、服务品牌、雇主品牌和企业商号。与一般名牌相比，商贸业名牌具有如下特点。

1. 商贸业名牌以名牌企业（商号）为主体

一般意义上的名牌实际上指的是工业名牌。工业企业的产出主要是实物形态的有形产品，易于包装、标记和展示，因而其名牌主要是指名牌产品或建立在名牌产品基础上的名牌企业。商业能够"制造"并向市场提供的主要是服务活动，而服务是无形的，不能像产品一样被包装、标记和展示，质量也难以标准化评定，因而商贸业名牌主要是一种服务名牌，多是指名牌商业企业。与一般名牌不同，它追求组织整体或代表其企业形象的商号、商徽的高知名度、美誉度、顾客满意度、市场份额、信誉价值。

2. 商贸业名牌主要以服务行为过程为载体

工业名牌的载体是实物和商品，是看得见摸得着的、能够满足人们某种需要的物质属性。商贸业名牌的主要载体是服务行为的过程，具体如下。

①服务提供者的服务质量是通过服务过程的质量体现的。

②只有服务行为的过程才可能具有标准设定。

③只有服务行为的过程在标准设定的前提下才具有传播力。

3. 商贸业名牌以优质服务为基础

工业品牌之所以成为名牌，关键在于产品质量优异，好的产品能在市场竞争中脱颖而出。而服务质量是判断一家商业企业好坏的最主要凭据，它会影响商业服务需求的总量以及怎样的人会产生需求，是与其他竞争者之间最主要的定位工具。服务质量是由企业形象、技术性质量、功能性质量构成的函数。根据美国营销学家派拉索拉曼、泽塞莫尔和贝里的研究，服务质量具体可以从可感知性、可靠性、反应性、保证性、移情性五个方面去评价。在这五个属性中，可靠性是其核心内容。商业企业提供的服务要在上述各方面都有超凡的表现才能成为名副其实的名牌。要注意的是，服务质量优劣的最后评定权在顾客手上，只有顾客认可的质量才是最优质量。

4. 商贸业名牌以辅助服务为特色

服务由核心服务、便利服务和辅助服务组成。商业的核心服务是提供商品，这体现了企业最基本的功能。方便核心服务使用的服务，通常称为便利服务。还有一种服务并不是为了便利核心服务的使用，而是增加服务的价值或者使企业的服务同其他竞争者的服务区分开来，叫作辅助服务。前两种服务同行业中的各个企业均是一致的，后者则使同行企业显现出差异，增强商业企业吸引力和竞争力的着力点。因此，商贸业名牌必须通过提供优异的辅助服务来显示个性和特色。

根据上述特点，我们可以将商贸业名牌划分为以下四种类型。

①商贸业名牌企业。其是指在较长时期的生产经营活动中，形成了生产经营特色，产品和服务质量优异、经济效益显著、社会效益较大，具有较高知名度和顾客满意度的商贸服务企业及商办工业企业。

②商贸业名牌商品。由商贸服务企业定牌生产或商办工业企业生产，质量优异，知名度、顾客满意度高，具有较好的社会效益和较高的经济效益，主要经济指标名列同行前茅的实物产品。

③商贸业服务名牌。其具体又分为三种类型：一是个人服务名牌，指商业服务工作者个人在服务实践中根据主管的业务的特点，总结提炼并得到社会认可的服务技能和服务经验的品牌；二是群体服务名牌，是某一服务工作者群体创立、发展的服务名牌，或企业推出的有娴熟服务技能、丰富服务经验的服务工作者群体品牌；三是企业服务名牌，是企业兑现服务承诺开发服务项目、贯

彻服务标准、突出服务特色而创立的服务名牌。

④商贸业雇主名牌。其就是在人力资源市场上享有较高乃至很高的知名度、美誉度、忠诚度的企业品牌。它使潜在员工愿意来企业工作，使现有员工愿意留在企业工作，是人们心目中的最佳工作地。

（二）商贸业名牌在推进商贸流通现代化中的作用

1. 商贸业名牌是一个国家或地区商贸流通业竞争力的标志

商贸业名牌是一个国家或地区商贸竞争力的标志，而竞争力的大小与现代化程度成正比。培育、发展商贸业名牌，就是走自立自强之路，打造高素质的商贸企业群体和高素质的流通经济，使其不论是宏观上还是微观上都能形成强大的市场竞争力。在国际国内流通竞争中，商贸业名牌竞争是竞争的主要形式，一国一地消费者对他国他地的企业的商业服务质量一时难以了解，这时他们往往通过品牌的途径来决定自己的选择。一国一地打进异国异地市场的商贸企业往往是名牌企业，瞄准并力图吞并、蚕食的是当地的商贸业名牌企业，当地能奋起还击的也是商贸业名牌。商贸业名牌的多寡与强弱，是一国一地流通经济实力的综合体现。

2. 商贸业名牌是现代商贸流通业支柱产业的支撑

对不同的国家地区和城市而言，其商贸流通业的支柱产业是有差异的。这既与当地的经济发展水平、工农业生产结构有关，又与当地的自然条件、文化传统、交通通信、商业历史有关。能成为一地商贸流通业支柱产业的，必须不仅在当地的各种流通产业中所占的比重较大，而且在全国乃至在全球都有影响、有地位。这种影响是靠商贸业名牌来体现的。

3. 商贸业名牌是先进的流通思想、流通管理、流通技术的结晶

商贸业名牌能在市场竞争中脱颖而出，首先在于它具有先进的流通思想，从而引导员工能对新的、难以预料的情形甚至是令人尴尬的场面做出快速反应。这些先进的流通思想始终围绕着人做文章。全球零售巨头沃尔玛提出"零售娱乐、一站式购物""员工是一种需要培养及管理的资本"的理念，从而成为世界知名的零售商。德国麦德龙推崇"合作伙伴""顾客有限""透明经营"理念，成就了它世界第三大零售商的地位。普尔斯玛特用人的首要条件是道德素质，即诚实正直，吃苦耐劳，有强烈的求知欲和上进心等，而学历和工作经验则是第二位的，至于性别、身高、相貌则被视为无关紧要的条件，这种全新的用人观念及"永远为会员（顾客）提供最优质的商品，永远为会员（顾客）省钱"

的经营理念是它成为世界商贸业名牌企业的重要原因之一。商贸业名牌的产生过程中往往伴随着卓越的管理。缺乏卓越的管理，人的潜能和积极性就不能有效地发挥，服务质量和成本就得不到有效控制，就不能形成商贸业名牌。

4. 商贸业名牌是商贸流通业人才的吸铁石与锻造炉

商贸业名牌能吸引最好的商贸流通人才为企业工作。

一是好的人际环境吸引人才。商贸业名牌企业中各级管理者善待和尊重员工，员工之间相互信任团结协作，有良好的沟通机制，能使人们产生归属感。同时，商贸业名牌企业拥有的优秀员工能使其他人学到许多其他企业学不到的东西。

二是好的用人机制吸引人。企业是干实事的地方，某个商贸企业能成为名牌企业，必定在用人时注重实绩，注重品德和能力，无能之辈是不受欢迎的。商贸业名牌企业要想不断发展壮大，既会设法为员工发展提供舞台和机会，又会帮助员工成才，能为人们自我实现需要的满足提供基础条件。

三是高的社会地位吸引人。商贸业名牌企业名气大、名声好、社会地位高，能满足人们被尊重的需要。更重要的是，在名企业工作的经历能为人们的职业生涯增光添彩，为其终身就业提供更多更好的机会。人们对名企业往往有一种迷信心理，认为名企业的员工是优秀人才，因此招聘、引进人才时往往优先考虑有过名企业工作经历的应聘者。

5. 商贸业名牌企业是商贸流通产业现代化的示范者和领跑者

任何产业的运行都是由企业进行的。产品的状况要看企业，企业的状况决定了产业的状况。所以，既不存在产业很好而企业很糟糕的情况，也不存在企业很好而产业很糟糕的情况。商贸流通产业真正要实现现代化，必须先实现商贸企业的现代化。

二、我国推进商贸流通现代化的名牌战略举措

（一）推进商贸流通现代化的名牌战略构想

1. 战略目标

该构想的总体战略目标是经过努力，从根本上提高我国商贸流通业的整体素质，形成一批有相当经济规模的，拥有商品、服务、雇主名牌的商贸流通企业群体和企业集团，使我国主要商贸流通行业中的重点企业能够与当前我国社会经济发展状况相适应，并且具有国际竞争力。

具体战略目标如下。

①服务质量目标。逐步在整个商贸流通业进行服务质量的制度化、程序化、标准化改革，使各企业的服务质量基本达到 ISO9002 质量认证体系的标准。

②中国"驰名商标"认定数量目标。从国内外商标立法和执法实践来看，驰名商标都是各国国家级乃至世界级名牌。我们要通过努力，不断增加我国驰名商标的数量。

2. 战略重点

该构想的战略重点是指对实现战略目标具有关键意义的领域或环节。选择商贸流通业名牌战略重点一般应遵循下列原则：一是优势原则，即选择与竞争对手相比有优势的产业作为战略重点；二是主导原则，即以商贸流通业中的主导产业、龙头企业作为战略重点；三是朝阳原则，即要把朝阳产业、新兴产业和业态确定为战略重点；四是基础原则，即把商贸流通业名牌战略运行所必不可少的基础条件作为战略重点。据此，人们可以从以下四个方面选择战略重点。

①从产业和行业角度确定战略重点。根据产业演变规律及国家产业政策的要求，宜把传统商贸流通业中的百货零售业、餐饮业及新兴商贸流通业中的物流配送业、连锁超市业、会展业作为战略重点。

②从地理区域角度确定战略重点。改革开放以来，我国商贸流通经济发展客观上形成了区、县（市）城区、农村小集镇的梯度格局。因而商贸流通业名牌战略的重点区域首先应该是市区，其次是县（市）城区，最后是农村小集镇。

③从总体战略与各子战略之间的关系确定战略重点。从这一角度看，人才战略、服务质量战略是我国商贸流通业名牌战略的重点。因为人才是名牌的创造者，名牌是人精神的化身，服务质量是名牌的基础和生命。

④从商贸流通业名牌的特点角度确定战略重点。商贸流通行业能够"制造"并向市场提供的主要是服务活动，而服务是无形的，不能像产品一样被包装、标记和展示，质量也难以标准化，因而商贸流通名牌多是指名牌企业。据此，我国商贸流通业名牌战略的重点应是创名牌商贸流通企业，而不是名牌服务产品或名牌服务商标。

（二）推进商贸流通现代化的名牌战略措施

1. 建立全方位的促进商贸业名牌发展的机制

培育、发展我国商贸业名牌，光靠领导者的重视和人们的热情是不够的，必须要有与之相适应的机制。这种机制的表现形式主要是政府有关的政策。国家有关部门已明确要为发展具有国际竞争力的大型企业集团提供政策支持，如支持企业集团上市和多渠道融资、支持企业技术创新和人员分流、鼓励企业开发国际市场和跨国经营等。

2. 引导、推动商贸业名老字号的改造与振兴

具体措施如下。

一是法律保障。政府要加大对老字号商标专用权的保护力度，积极查处侵犯老字号权益的违法行为。对假冒老字号给消费者造成伤害或财产损失的现象，执法部门必须予以严惩。

二是完善市场竞争机制。政府要创造公平竞争的环境，给各类企业施加竞争的压力；协同社会团体与舆论，不断灌输质量与人类生存、国家兴亡、地区盛衰的关系，以多种方式提高人们判别商品、服务好坏的能力，提高人们对老字号名牌价值重要性的认识。

三是特殊保护。政府要对该保护、抢救的老字号给予特殊保护。

四是政策扶持。政府要支持老字号跨出省门国门，走向世界。

3. 有效保护商贸业名牌的合法权益

商贸业名牌是优质服务、信誉卓著的象征，它能吸引公众，赢得消费者的忠诚，因而不法之徒可能极尽假冒、抢注之事，或采取诋毁、诬蔑等手段损害商贸业名牌形象，从而严重侵害商贸业名牌的声誉、经济利益。因此，加大对商贸业名牌的保护力度，为商贸业名牌的健康成长创造一个有秩序的、公平竞争的环境，就显得非常迫切和必要。

4. 开展商贸业名牌保护意识教育

要把培植和保护中国商贸业名牌、省市商贸业名牌作为一项最基本的经济政策；要把名牌保护意识教育列入中小学爱国主义教育内容，列入公民道德教育内容，使全民形成自觉保护商贸业名牌的意识。

第四节　基于现代化建设的商贸流通物流战略

一、现代物流与商贸流通现代化

（一）现代物流是商贸流通现代化的主要内容

流通过程不仅要解决商品所有权交换的问题，更要解决商品从生产地到使用地以实现商品使用价值转移的问题，最终要使商品从生产领域转移到消费领域成为消费对象，以最终实现商品价值。商品所有权转移的活动称为商流。物流是指商品实体从供给方向需求方的转移。商流和物流有机结合才能保证商品由供方向需方顺利转移。国际上描述流通或物流，有4个不同的词汇，即分销、实物分配、物流、供应链管理。现代流通、综合物流和供应链管理的概念均以大流通为研究对象，研究从原材料供应、制造、批发、零售直至回收的整个价值增值链和业务流程。因此，现代物流是构成现代商贸流通的一个主要内容与主要标志。

1. 现代物流成为商贸流通整合发展的重要趋势

为了整合优化业务流程和价值增值链，使商贸流通业集约化经营，提升产业综合竞争能力，现代商贸流通业出现了一种整合发展趋势：一是整合商贸流通业务流程，消除不必要的、没有附加值的中间环节和各种形式的浪费，以提高流通效率和效益；二是整合商贸流通要素如物流、商流信息流、技术和人力资源；三是整合跨地区商贸流通业务和组织架构，优化商贸流通组织架构，保证商贸流通企业经营的范围经济效益和规模经济效益；四是跨行业跨产业进行整合，由最终消费需求拉动及整合销售商、制造商和原材料供应商的各种经营活动开始，以期获得最大、最有效的增值效应。在这种国际性整合中，无论是整合商贸流通企业的业务流程与经营要素，还是整合商贸流通产业组织管理体制与产业链，人们都不能忽视现代物流在整合中的积极影响及商贸流通的物流整合。现代物流成为商贸流通整合发展的重要趋势之一。

2. 现代物流成为商贸流通模式创新的基础内容

商贸流通模式指的是具有某种特定内涵的流通渠道和运作方式，也包含特定的流通渠道结构特征和渠道成员之间的关系特征。国际上出现了许多新的流通策略和模式，如即时管理、快速反应策略、消费者有效反应流通模式等，它们在大流通的前提下，针对某类商品，就物流、信息流和商流等方面展开集成管理。快速反应（QR）策略需要在现代物流支持下以最快的方式，在适当的时候,适当的地方,以适当的价格向期望消费者提供适当的产品,以满足消费者适当的需求。而消费者有效反应(ECR)包含了品类管理、基于活动的成本控制法、接驳式转换配送和电子商务业务流程等一整套流通技术和管理方法,其正是在现代物流支持下进行连续补货、店铺配置和促销等活动的。现代物流正在成为商贸流通新模式和模式创新的基本内容。

3. 现代物流是商贸流通组织变革的主要方向

广义的商贸流通业包含零售、批发、物流和金融业等诸多服务行业,其通过广泛的合作和兼并形成了新型的产业链组织形式。商贸流通组织变革是指在价值链上的供应商、制造商、零售商和消费者进行合理分工,借助各方优势,降低交易费用,提高运行效率,更有效地创造价值,建立长期合作关系与产供销一体化动态供销网络等多种新的组织形式的改革。商贸流通组织变革目标就是要在商贸流通产业链上下游企业之间共享动态变化的最终消费信息,消除不必要的商品转运、积压和倒运,减少在制品、半成品和制成品的库存,减少流动资金的占用,减少产品库存中可能发生的失效和经济损失。商贸流通组织变革就是要综合规划区域内的零售点、仓库、运输、配送中心和道路等各种设施的总容量,系统配置区域物流中心、商品转运点和配送中心,建立广泛的销售网络和商品采购网络,获取规模经济和范围经济效益。现代物流对商贸流通组织变革的成功实现具有积极意义,已经成了商贸流通组织变革的主要方向。

现代物流作为流通现代化的主要内容,其成本越低,则物流总成本在GDP中的比例就越低。物流业水平的高低成了一个国家综合国力的重要标志。因此,现代物流成为衡量商贸流通现代化发展的基本标志。

(二)现代物流对推进商贸流通现代化发展的作用

1. 现代物流从整体上改善了国民经济的运行效率

首先,现代物流降低了经济运行成本,改变了区域经济增长方式。从市场运行成本的角度分析,物流业的突出作为是其对普遍降低社会交易成本做出了贡献。一方面,从交易的全过程看,现代物流业的发展有助于物流合作伙伴之间在交易过程中减少相关交易费用;另一方面,从交易主体行为看,现代物流业的发展将促进伙伴之间的"组织学习",使得交易双方机会主义的交易费用有望控制在最低限度。

其次,现代物流积极促进了国民经济各产业部门的发展。发达国家的实践表明,现代物流业的发展进一步带来了商流资金流、信息流、技术流的集聚,推动、促进了当地的经济发展,既解决了当地的就业问题,又增加了税收,促进了交通运输业、商贸业、金融业、信息业和旅游业等多种产业的发展。

同时,现代物流促进了以城市为中心的区域市场的形成和发展,促进了以城市为中心的区域经济形成,促进了以城市为中心的区域经济结构的合理布局和协调发展,有利于城市的整体规划,有利于解决城市的交通问题,有利于以城市为中心的经济区吸引外资,有利于建立以城市为中心的网络化大区域市场体系。

2. 现代物流促进了流通产业分工的深化和流通形式的创新发展

商贸流通包含了商流与物流活动,在现实经济生活中,企业商流和物流各自具有不同的活动内容和规律。商流一般要经过一定的经营环节来进行业务活动,而物流则不受经营环节的限制,可以根据商品的种类、数量、交货要求、运输条件等,使商品尽可能由产地通过最少环节,以最短的物流路线,按时保质地送到用户手中。商贸流通产业不仅会由于商流与物流的分离促进分工和发展,还会因为不同商流方式与不同物流方式结合形成更丰富的产业创新与发展形势。因此,现代物流的发展能不断丰富商流与物流的结合方式,促进新型商业企业和业态形式的发展,促进运输服务方式的创新,促使新兴流通产业发展。

从社会再生产的角度来看,全部工农业产品生产过程和制造过程,除了再加工和生产的时间以外,全部都是物流过程的时间。从社会再生产的流通角度来看,全部转化为商品的工农业产品都需要通过物流来实现资源的配置,而资源配置成本主要为物流活动所占有。随着网络经济电子商务的发展,商品交易发生了巨大的变革。交易时间缩短,交易速度加快,大大降低了商业交易成本,物流环节的成本节约成为新的商业利润源泉,从而大大促进了流通渠道、流通组织、流通手段的创新。

3. 现代物流促进了商贸流通体系的变革和商贸流通组织的现代化发展

现代物流促进了商贸流通体系的变革性突破。近年来,我国消费市场需求呈大幅度增长、结构性变化、个性化发展的趋势。城乡居民消费水平稳步提高,恩格尔系数逐年下降;商品买方市场基本形成,消费支出分流日益明显,商品消费出现个性化、多样化、高档化的发展趋势。市场消费的问题在于商品供求的结构性矛盾突出,商品积压严重,产品结构调整滞后于消费需求变化。现代物流使商贸流通发展的市场供求力量打破原有平衡,推动商贸流通体系不断变革。

现代物流发展能有效促进商贸流通技术创新。商贸流通在传统供应链中起着连接生产者与消费者的桥梁作用，集商流、物流、信息流三种功能于一身。商贸流通在传统供应链中的功能定位构成了工业经济时代传统的商贸流通发展模式。在现代物流支持下，以信息技术和电子商务为核心的商贸流通技术冲击了传统商贸流通模式赖以生存的基础，使商贸流通供应链重新构建，商业利润重新分配，消费者可以有更多的选择并获得更低的价格，从而在新的基础上建立新的商贸流通模式。为了获取市场竞争优势，现代物流在信息技术和网络技术的支持下不断创造和提供直接交易与沟通的能力，促进了商贸流通的新技术革命，在充分利用商贸流通企业现有技术设施的基础上，建设和发展商贸流通的现代化、信息化、自动化技术体系。

现代物流发展能积极促进商贸流通企业转变观念，引进先进技术，调整企业结构，进行资源重组，实行专业化、社会化的配送服务，为客户提供"准时供应系统""即时供应系统"和"零库存系统"等整体物流服务，形成集约化的物流经营，产生规模效益，全面提升商贸流通企业的竞争力。

二、我国推进商贸流通现代化的物流举措

（一）推进商贸流通现代化的物流战略构想

1. 战略目标

我国商贸流通现代的物流战略目标主要包括物流技术现代化、物流服务网络化、物流市场国际化、物流产业规模化、物流配送社会化五个方面。

（1）物流技术现代化

加快现代物流的发展就要利用电子数据交换（EDI）、互联网、信息网络技术等高新技术，优化企业内部物流资源配置，实现物流资源共享、信息共用，对物流各环节进行实时跟踪、有效控制与全程管理；要积极进行新技术的开发与研制，将新技术不断运用到物流发展中去，保证现代物流的高水平发展；要积极应用现代信息技术改造传统物流管理。物流管理是一门专业性非常强的技术，人们可以通过技术手段设计物流专家管理系统，为企业特别设定物流管理方案，实现物流管理信息化；可以利用低成本物流信息交换平台，大幅度降低生产经营成本。任何有物流需求的企业都可通过平台进行低成本物流信息交换，通过平台进行全球低成本营销，拓展业务和市场，借助网络媒体的互动性，实现网上宣传和网上营销的一体化。企业要利用电子商务技术迅速完善物流信息网络，通过有效的信息渠道，将物流过程中的实物库存暂时用信息代替，形成信息虚拟库存，建立需求端数据自动收集系统，在供应链的不同环节采用EDI

交换数据,建立基于互联网的数据实时更新和浏览查询、共用数据库、共享库存信息的物流管理信息系统。

(2)物流服务网络化

商贸流通现代化发展不仅要求物流企业以较低的物流成本提供高质量的物流服务,而且还要求物流服务由原来单一分散的状况向多样化、综合化、网络化发展。一切能够简化手续、简化操作的物流服务都是增值性服务。企业必须重新设计适合商贸流通现代化发展的物流渠道,优化物流服务网络系统,减少物流环节,简化物流过程,提高物流服务系统的快速反应性能。这就需要物流企业提供不断降低物流成本的物流服务,必须考虑采用供应链管理办法,建立系统各方相互协作相互联合的物流服务网络;采取物流共同化计划,通过采用先进的物流技术和设施设备,推行物流管理技术,提高物流的效率和效益,降低物流成本;必须强化、完善和健全物流服务网络体系,保持物流服务网络的系统性和一致性,以保证整个物流网络优化。

(3)物流市场国际化

为了在更广泛、更多变的全球市场上提供综合物流服务、形成核心发展能力,企业需要树立以供应链为基础的国际化物流新观念,确立物流经营发展方向和发展目标,以适应经济全球化的发展需要;必须从国际贸易实际情况出发,面向全球进行物流资源的配置,提高物流资源转化效能,降低物流运作成本,以适应物流经营的全球化竞争需要。经济全球化发展导致商品交易规模不断扩大、商品交易空间迅速扩展,形成了对物流运作组织的新要求。国内物流经营必须借鉴国际物流经验,采用国际化惯例进行物流经营的组织,谋求规模化发展。

(4)物流产业规模化

现代物流的发展要推动物流规模扩展进程,形成物流规模效应;要按照现代物流发展的自身规律,加大现代物流知识传播力度,鼓励和发展第三方物流,大力培育现代物流市场,积极引导和大力扶持物流集团等综合性物流服务企业的发展;以铁路、公路、水运、航空运输、大型仓储、物流配送等物流骨干企业为龙头,通过联盟、股份合作形式组建行业或区域性的大型物流企业集团,加快物流规模化、产业化发展步伐,促进我国物流不断发展壮大;要充分应用生态理论和新的物流理念,合理配置和优化物流资源,积极采用高新技术方法,将物流建设和发展成为生态化、环保化、绿色化的、具有特色的物流体系。

(5)物流配送社会化

物流配送社会化是指生产、批发或零售、连锁企业共同参与,由一家物流配送中心承担配送作业，做到配送过程的社会化、专业化。其实质是相同或不同类型的企业联合，相互调剂使用各自的仓储运输设施，共享物流资源，最大限度地提高配送设施的使用效率。其具体有以下三种。

一是物流企业的配送中心，由专业的物流公司建立也可由大型的连锁公司独资兴建或控股的物流子公司兴建。

二是厂商联合的配送中心，在厂家与批发商或供应商与连锁总店之间进行共同配送。

三是商业企业的配送中心，由批发商、零售商、连锁公司共同组建的配送中心以向同一地区众多的零售店铺进行共同配送。

2. 战略思路

一是积极运用现代物流理念，有效推进商贸流通企业内部物流系统的升级改造，建立商品从购进到销售到顾客服务的物流一体化系统。大力传播现代物流知识，积极应用现代物流理念和技术，从三个发展方向推进商贸流通企业物流系统改造：其一是对大多数中小商店和服务组织理顺物流流程和管理关系后，将自有物流服务外包给社会化物流组织承担，自己只负责物流监督与管理工作；其二是对具备足够经营规模，有一定物流资源与能力，且物流服务已经成为企业重要竞争优势的商贸流通企业，可以在重组改造和升级后建立现代化的物流服务体系，降低经营成本，强化企业核心竞争能力；其三是对具备丰富物流资源的商贸流通企业应从战略高度进行物流系统改造，加快现代化物流体系建设，使其发展成为现代第三方物流企业。商贸流通企业内部物流系统升级战略，见表6-1。

表6-1 商贸流通企业内部物流系统升级战略

商贸流通企业类型	升级战略途径	发展战略方向
中小商店 中小商业连锁企业 非连锁餐饮企业	整合企业内部物流资源 改造企业物流管理流程	全面外包物流服务 强化企业物流监督管理
大中型商贸流通企业 餐饮连锁企业	系统整合企业物流资源 重组和优化企业物流流程 加强物流信息系统建设	外包部分物流服务 强化企业物流一体化系统 伺机发展第三方物流服务
商品批发大市场 大型连锁商业企业	全面整合市场物流资源 强化物流信息化系统建设 积极创立物流服务品牌	—

二是加快制定现代物流优先发展政策,鼓励和扶持第三方物流企业发展,构建和完善我国的现代物流产业体系。政府应制定鼓励现代物流发展的政策,进行科学规划,促进物流的快速发展;应鼓励第三方物流企业做大做强,逐步形成合理的物流产业体系。

三是努力创造有利于现代物流发展的环境,大力推进社会商贸流通中物流服务的专业化、现代化、社会化发展,繁荣物流服务市场,不断提高现代物流业发展水平。

3. 战略原则

要研究分析物流战略原则,首先要准确把握物流战略原则的影响要素与内容。根据商贸流通业中的物流发展,我们认为影响物流战略的要素主要有9种,其内容主要有5个方面。物流战略原则的影响要素与内容,见表6-2。如何将两者综合进行考虑,并确定应坚持的几条基本原则,具体分析如下。

表6-2 物流战略原则的影响要素与内容

物流战略原则影响要素	物流战略原则内容
现代化商贸中心建设 商贸流通现代化	物流跨越式发展
商品市场发展规律 商品市场发展的物流需要	物流社会化发展
批发商业发展特色和发展	物流一体化发展
零售商业发展规律 零售商业竞争力 新兴零售业态的创新	物流集成化发展
零售业、餐饮业、租赁业等其他商贸流通产业发展需要	物流专业化发展

①必须紧紧围绕推进商贸流通现代化和建设现代化商贸中心的需要,实现现代物流跨越式发展。现代物流是商贸流通现代化的主体内容,我国的商贸流通发展战略就是建设现代化商贸中心。现代物流发展就需要围绕建设现代化商贸中心的发展目标,学习和借鉴发达地区的成功经验,坚持现代物流跨越式发展;要确立现代物流高起点、高要求、高标准的发展思路;要将物流业列入优先发展的产业,并出台相应政策;要确保现代物流发展的资源优先;要采取鼓

励创新发展的有力措施。

②必须深入研究各种商品市场发展规律，根据商品市场发展需要确定我国现代物流社会化发展趋势。各种商品市场的迅速发展成为推动我国商贸流通发展的重要力量，商贸流通现代化需要商品市场现代化发展。

③必须把握流通过程中批发商业发展的特色和需要，实现现代物流一体化发展。一般来说，商品批发经营的物流需要是使从生产者到消费者的物流合理化，以减少环节商贸流通。应运用物流供应链思想，在将产品或服务提供给最终消费者的所有相关企业构成上下游产业一体化的过程中，通过信息共享、技术扩散、资源优化配置和有效的价值链激励机制强化企业与企业之间的协作关系，实现跨组织物流合作和整体效益优化。

4. 战略重点

①构建我国促进现代物流发展的环境体系。这一过程主要包括四个方面，第一，制定和完善相应政策与制度，编制现代物流发展规划，引导和规范现代物流发展；第二，整合政府相关部门与物流管理相关的职能，建立一个发展现代物流的管理部门，实施统一管理；第三，积极培育和发展现代物流市场，建立规范、公平、公正的物流市场机制；第四，大力发展商贸流通业和支撑现代物流发展的相关产业，构筑和优化现代物流发展的产业基础。

②积极发展第三方物流企业，建设合理的现代物流网络体系，完善整体物流功能。通过对现有企业的改造，打破区域限制、所有制限制发展现代物流的多元化投资，促进第三方物流企业的发展；扶优扶强，培育和发展现代物流企业集团；整合物流资源，逐步建设和形成合理的现代物流网络体系，完善整体物流功能。

③保证现代物流的可持续发展，为商贸流通跨区域发展提供高效的服务。

④努力提高物流现代化发展水平，主要包括物流观念现代化、物流管理现代化、物流技术现代化和物流人才现代化。

（二）我国推进商贸流通现代化的物流战略措施

1. 培育并不断发展物流市场

政府要积极培育并不断完善物流市场，同时应在税收、产业政策扶持、城市规划、金融等方面进行全面协调。一方面大力完善资源的集聚及辐射功能，从而有效地提升商贸物流企业的整体竞争力，积极培育、完善物流市场；另一方面还需要对物资集散地、中心城市、口岸地区大型物流以及交通枢纽等基础设施进行不断建设与完善，并且对现有的资源进行优化配置，避免出现物流设施重复建设或投资分散等现象。

2. 加强区域性商贸物流中心的建设

加强区域性商贸物流中心的建设就要以优势企业作为龙头，通过品牌作为载体，积极吸引更多的资源聚集于流通业。一方面，积极开展业务的有效联合，从而建立有效的物流市场体系，通过整合各项资源重点发展商贸物流产业、电子商务及连锁经营新兴产业；另一方面还需加大对农村集贸市场的改造与健全力度。活跃农村的商贸流通市场，有利于形成城乡农业生产资料及消费品的双向与高效流通，最终确定连锁经营产业在流通业当中的主体地位，为全面有效地完成区域性商贸流通物流的战略奠定良好基础。

3. 大力发展并建设现代物流产业

政府要通过建设并大力发展现代物流产业或第三方物流产业，提高商贸流通物流的配送能力，从而加快对物流基础配套设施的建设工作，建设一批区域性物流配送中心，不断加速铁路支线、公路、江河航道的建设工作，建立货运中心，进一步健全现有商贸物流的运输网络体系，最终形成通畅、便捷、安全的现代运输体系。重视商贸物流信息化的建设工作，有助于强化各部门之间的协作。政府要建立商贸流通物流网站平台，以便实现对资源的实时共享功能，为推进商贸流通现代化进程的物流战略提供高效、准确与及时的商贸物流信息。

4. 优化现代商贸物流中心的政策环境

各地方政府应根据实际情况适时地制定物流产业的发展战略与规划，加大对物流企业的资金扶持或给予税收优惠政策，规范当前物流市场的竞争秩序。同时应努力打破市场的准入障碍与行业的保护制约，积极为现代商贸物流企业的发展提供有利的政策支持，为尽早创造规范有序、公平竞争及统一开放的良好市场秩序而努力。

5. 加强对现代商贸物流中心市场秩序的维护

有关部门要重视对商贸物流中心市场秩序的维护工作，建立健全市场的监测与流动调控体系，全面提高市场应对紧急事件的处理能力。通过整合商贸流通的资源并健全其服务体系，积极构筑现代商贸物流中心市场的良好秩序。另外，政府应完善商贸流通物流服务网络，重视对商贸物流平台的建设工作，从而全面提高现代商贸物流信息系统的管理与服务水平，使现代商贸物流规范化、服务化发展。

6. 大力培养商贸物流人才

要大力推进现代商贸物流战略，就应该积极借鉴国外物流企业的发展经验，加大对物流人才的培养，提高人员的物流知识与操作技能。企业应通过继续教育或定期培训的方式，切实提高物流从业人员的综合素质；加强与其他商品流通机构或组织之间的合作。此外，企业应积极鼓励商贸物流从业人员考取相关的从业资格证，提高商贸物流服务行业的整体服务水平，促进商贸流通物流业健康与稳定发展。

第五节 基于现代化建设的商贸流通人才战略

一、人才战略是推进商贸流通现代化的根本途径

（一）人力资源是现代商贸流通发展的第一资源

经济学把为了创造物质财富而投入生产活动中的一切要素统称为资源。这些资源又被分为物力资源、财力资源、信息资源和人力资源四类。其中，物力资源、财力资源和信息资源都需要由人的力量来认识、发掘、运用，只有在人力资源的作用下，它们才能被赋予活力，才能创造财富。早在20世纪60年代，舒尔茨就提出了"人力资本"的经济学概念，他指出，经济增长的主要源泉，除了靠增加劳动力和物质投资，更主要的是靠人的能力的提高。舒尔茨同时认为，人力资本是通过对人力资源投资而体现在劳动者身上的体力、智力和技能。这种资本的有形形态就是人力资源。这种资源是企业、地区和国家经济发展的要素之一。

在整个经济体系中，商贸流通业一直是以"劳动密集型"为特点存在的。似乎没有足够的数据资料可以证明加大人力资本投入可以促进商贸流通业的发展。然而，随着信息化浪潮的冲击及商贸流通业中的科技含量越来越高，流通业态不断创新，人力资源的作用越来越显著。人力资源已逐步成为现代商贸流通发展的第一资源。

（二）人才竞争是商贸流通业竞争的焦点

随着新科学技术革命的到来，世界各国面临的一个共同问题是高科技人才严重短缺。日本信息工程方面的熟练技术人员缺口高达20万。欧盟国家的失业率虽然高达10%左右，但专业人才却严重供不应求。一些发展中国家自己培养的人才本来就少，却大量外流，严重影响着本国的经济发展。因此，世界

各国都把人才，尤其是高科技人才置于重要的战略地位。美国的人才争夺战在硅谷激烈展开，"竞争无比激烈，最优秀的人才经常引起多家公司的争夺。"从谷歌（Google）之类的大型集团，到最小规模的初创企业，各家互联网公司都在争相挖掘最优秀的专业技术人才。这股风气还刮到了世界各地的就业市场，从伦敦到班加罗尔都受到了影响。

争夺人才的竞争也波及了商贸流通领域，成为商贸企业提高竞争力的第一要务。美国沃尔玛创办沃尔顿学院，专门培养自己发展所需要的各类商业人才；上海联华、华联用40万年薪从外资企业挖人才，同时办起了自己的人才培训学校；长沙的家润多花80万年薪从台湾引进许英豪，其员工培训学校正在筹建中……这些信息表明商贸流通领域的人才大战已拉开序幕。对此我国商贸流通业绝不可等闲视之，必须从战略高度重新认识人才对商贸流通现代化发展的重要性，花大力气改变目前普遍存在的商贸流通业从业人员"量大质低"的现状，以迎接商贸流通业现代化过程中的各种挑战。

（三）高素质商业人才是推进商贸流通现代化的决定性力量

由于现代科学技术在商贸流通领域的广泛运用，现代商业迎来了一场以商品形式的变化、交易方式的变化、经营空间的变化、经营管理和服务方式的变化为主要特征的"流通革命"，这使得先进流通生产力的比重大大上升。而这些变化又使得现代商业劳动的知识、技术含量大大提高。只有既懂得买卖，又掌握了现代科学技术知识、有理论、会经营、懂管理、善竞争的新型商人才能适应流通革命的要求。

1. 商品结构和形式变化使商贸流通业急需复合式人才

商业企业经营的商品结构和形式的变化要求商贸流通业的从业人员既要懂得买卖，又要懂得更多高科技商品知识。随着知识经济时代的到来，商品的外延会由物质经济时代的物质产品进一步拓展，知识、服务、信息、技术、时间都将成为主要的商品，也就是说与知识相关的无形商品将成为主要的消费对象。同时，由于物质生产效率地提高，知识密集型产品的比例大大增加，商品出现高附加值化和无重量化倾向，有形商品的内涵也发生了巨大的变化。

2. 经营空间的变化要求现代商贸企业家用网络意识经营企业

传统的批发商圈和零售商圈非常有限，而随着现代信息技术在流通领域的应用，只要建立网络入口，连上网后，网之所及的角落，不论是国内还是国外人们都可通过电子商务进行直接交易，不用代理商、经销商，市场空间立刻可

以扩大到全国、全世界。目前，国内外许多企业正借助网络力图寻找更多的供货商和顾客。只有具备网络意识的商贸企业家才能抓住机遇，通过企业信息技术改造把企业做大、做强。

3. 经营管理的变化要求经营管理者更新管理观念和工作技能

经营管理的变化，不仅要求经营管理者转变商业管理观念，更新知识、技能结构，还要求商业职工学习新的工作技能。首先，不断信息化、知识化、全球化的经济首先改变了人们的商业管理观念，使人们更加注重跳跃和变化、速度和反应、平等和尊重、主动和创业精神、远见和价值控制，企业间互相依存，不断创造优势。其次，信息技术介入商贸流通的每个环节，实现了对传统商业管理的根本性变革。信息技术的发展使零售商业企业的单品管理、人管理成为可能。零售商利用数据库、数据采掘等各种信息处理技术，通过建立平行的资料库对顾客的购物习惯等消费特征、消费信息实行单人管理。同时，国际互联网的蓬勃发展极大地改变了商业运行环境，使"电脑化企业"应运而生，销售时点系统、电子订货系统、信息管理系统及电子数据交换系统等成为"电脑化企业"的重要管理手段。全新的商业经营管理没有新型的人才寸步难行。

4. 服务方式与流通业态的变化需要不同类型的商业服务人才

网上购物方式的出现使商流和物流不再分离，一个大型企业的一体化经营单体和连锁化经营单体在统一调度下兼有物流型功能。有的企业负责送货上门，并向消费者介绍商品的性能和使用方法，这样的服务方式需要有服务意识，同时又掌握了丰富的商品知识的商业服务人员才能完成。与此同时，购物中心专业店、超市等受广大消费者欢迎的流通业态的存在与发展，还需要大量熟悉这些相应业态运作经验与技巧的经营管理人才。

如今的商业是现代化、知识化的商业。信息、技术和服务是决定商业未来的三大要素。要想在这种现代化的商业竞争中获胜，企业不仅需要懂得买卖的人才，还需要一批掌握现代科学技术知识、有理论、会经营、懂管理、善竞争的复合型人才。因为只有这样，企业才能经营高科技产品，才能运用高技术进行科学管理，才能开拓由高科技发展所带来的新市场，也才能实现信息化、数字化、网络化的现代商业经营管理。根据我国商贸流通业人力资源仍然是"量大质低"的现状，培养一批适应当代商业现代化发展和全球化竞争需要的新商人已经成为推进我国商贸流通现代化的当务之急。

二、我国推进商贸流通现代化的人才战略举措

（一）商贸人才规划系统化

商贸人才资源发展规划是为实现总体发展目标，满足其所需人才而预先进行系统谋划的过程，也是总体发展战略的重要组成部分。构成人才资源开发体系的环节一般有三个，即预测与规划、培养与使用、配置与管理，其中预测与规划非常关键。预测与规划的本质是从整体上来筹划人才资源开发方略，是宏观人才资源开发的逻辑起点。为了确保商贸人才战略的顺利实施，有关部门必须首先对人才资源进行全面系统的规划，既要对人才战略的指导思想、总体目标、工作重点、实施步骤和主要措施进行系统规划，又要对人才资源的宏观布局层次结构、发展模式和素质要求进行系统规划。系统化的人才规划是实施商贸人才战略的前置条件和重要基础。

商贸流通业在制定实施人才发展规划时应注意以下几个方面。

①要把握好商贸人才需求近期目标和长远目标的关系，既要立足当前，又要着眼长远；既要抓紧培养实现商贸流通现代化的急需人才，又要为持续发展打牢基础、储备后劲。商贸流通企业应重点培养具有现代经营理念和操作能力的团队，要选拔一大批20～25岁左右的年轻人到基层去锻炼，让其熟悉管理。同时，对人才实行梯队式的培养，为企业未来的发展储备人才。在储备的干部中，根据年龄、学历、工作经历、对企业的忠诚度，重点培养有发展前途、对事业有追求的干部，为企业的长远发展储备后劲。

②要把握好培养引进高层次人才和各类人才需求的关系，既要引进一大批高层次人才，以引领和带动商贸流通现代化的发展，又要着力培养各类企业急需的实用人才，以保证商贸流通业发展对人才的总体需求。企业要打破陈规，解放思想，借鉴先进企业引进人才的经验做法，聘请经验丰富、管理水平高的专业型经营管理人才来经营企业，以引领和带动商贸流通现代化的发展。同时，要加大对现有商贸人才的培训力度，采取轮训、集训、开办夜校等多种方式培训商贸企业急需的各类人才。

③要把握好重点突破和整体推进的关系，把商贸业发展的着重点作为商贸人才发展的突破点，以重点的突破带动整体推进。根据商贸业发展的着重点，重点引进和培养商贸流通现代化急需的电子商务、物流、连锁经营方面的人才。

④把握好培养和引进商贸人才的关系，既要加强商贸人才的自主培养，又要扩大商贸人才的交流与合作，把培养商贸人才和引进商贸人才结合起来。一方面，要充分发挥商贸局在商贸企业和商科院校之间的桥梁作用，根据市场的

需要，充分发挥商科院校培养、输送商贸人才的基地作用。另一方面，要扩大与其他外资商贸企业如家乐福、麦德龙等集团的人才交流与合作，学习外资企业的先进经营管理经验，借鉴性地为我所用，同时要抓好员工队伍的科技知识培训，注意从各方面培养吸引一批科技专业人员来充实壮大流通科技队伍。

（二）商贸人才配置市场化

商贸人才市场化配置的核心就是要寻求商贸人才和商贸企业的最佳组合，从而使商贸人才的交易成本最低，产出效率最高，真正实现供需主体双向选择。

①发挥人才市场配置功能，切实提供优质服务。商贸人才市场可与人才市场配合，建立商贸企业经营者人才市场和经营者人才信息库，充分发挥市场对精品人才、管理型人才及领导人才的市场配置作用，建立商贸人才价格的市场机制，向商贸企业提供经营者人才能力测评、包装设计、招聘、特别推荐等中介服务。

②扩大人才市场服务范围，为各类商贸人才脱颖而出创造条件。除继续搞好人才交流、人才开发和人事代理等方面的服务外，商贸人才市场要进一步拓展服务领域，增强服务功能，大力加强人才资源的职业任职资格、专业能力考核与公证、人才评价和求职信息服务等中介业务建设。

③规范人才市场行为，确保商贸人才竞争健康有序。要进一步强化政府对人才市场的宏观调控职能，特别是要加强人才资源配置市场化的法制建设，并建立强有力的监督机制，确保人才竞争公开、公平、公正，使人才资源高效、有序、合理的配置。

④建立人才流动新机制，增强人才市场辐射功能。人才市场在集聚全国优秀人才的同时，还要具有辐射功能，允许各类人才进出自如，并得到良好的市场服务。要由以"户口迁移"为主要形式的人才引进观念变为以"知识引进"为实质的人才引进观念，做到人才流动与智力流动相结合，建立人才双向流动的便捷通道，真正实现人才的柔性流动，建立开放、流动的商贸人才新机制。

（三）商贸人才社会化开发

商贸人才社会化开发的主体是商贸企业，商贸企业是商贸人才吸纳的主体，也应是商贸人才开发的主体。因此，商贸人才资源的开发，应当由以国家为主体向以用人单位和人才个体为主体的格局转变。用人单位、人才个体应成为商贸人才开发的决策主体、执行主体和利益主体。商贸人才培养也应由国家统包状态向市场导向、社会办学方向转变。强化商贸企业作为社会化人才开发主体的作用，可以促使商贸企业加大自身科研和人才开发的投入，有利于培养和集聚优秀人才，探索和构筑能够长期稳定发展的科技创新机制和商贸人才开发机制。商贸流通业在人才开发过程中要围绕发展战略目标采取积极有效的措施，重点是建立好四种机制。

1. 建立市场化的选人用人机制

选好用好人才是商贸企业人才开发的关键。首先，企业要确定科学的商贸人才标准，市场经济条件下，商贸企业人才的标准应该是熟悉商贸科技知识、掌握某一领域的专业知识具有创新能力、能够终生学习、认同企业价值观并忠诚于企业。其次，企业要科学公正地选拔人才，按照"量才使用、效益最大化"原则，根据人才的特长、个性和意愿，把他们放到最能发挥作用的岗位上。同时要解放思想，大胆选用那些有棱有角、善于创新、敢于冒尖的商贸人才。

2. 建立行之有效的商贸人才激励机制

商贸企业发展的关键是吸引人才、留住人才。首先，要在吸引人才上下功夫，要建立干事创业的平台，依靠事业吸纳商贸人才；要提供一定的生活条件，依靠待遇吸纳商贸人才；要构建浓厚的人文氛围，靠环境吸纳商贸人才。其次，要在留住人才上下功夫，加大物质激励力度，商贸企业要加快薪酬制度改革，通过实行年薪制、期股期权、融资持股等多种分配形式鼓励商贸人才为商贸流通事业多做贡献要重奖有突出贡献的商贸人才，使他们全身心投入新世纪商贸事业中去，建立保障制度，对技术创新、管理创新起关键作用的商贸人才，要重点予以关注，防止关键人才在人员分流中流失；加大精神激励力度，实施多种形式、内容丰富的精神激励，开展"优秀商贸人才""商贸科技英才"评比活动，大力选树先进典型，增强优秀商贸人才的成就感、荣誉感，使各类人才经济上得实惠、生活上有保障、社会上受尊重。

3. 建立适应市场要求的商贸人才培训机制

企业或相关院校应培养一支高素质的商贸职工队伍，培养一批会管理、善经营、懂计算机技术和外语的全能型人才。

一是根据市场需要和商贸企业发展目标，结合商贸人才特点、项目需要和使用目标，对商贸人才分层次、有重点地进行培训。

二是制订计划，明确培训的时间、任务、目标和措施，避免为培训而培训，增强培训效果。

三是突出重点，做到优秀人才优先培训，急需人才加快培养，关键人才重点培训，骨干人才提前培训。

四是拓宽渠道，加强与科研机构、高等院校的合作，加快商贸人才培养步伐。

此外，要教育商贸人才树立终身学习观念，通过多种形式的学习培训提高素质。

4. 建立动态可控的商贸人才流动机制

一是正确对待商贸人才流动。企业要在留住该留住的人才的前提下，增强放人意识。对那些由于企业自身原因不能满足其发展而想离开的商贸人才，商贸企业要主动放人，为他们提供方便。

二是建立淘汰机制。企业要按照市场化原则，建立淘汰低素质商贸人员的机制，让低素质商贸人员尽快离开，通过商贸人才的双向流动，达到优化结构、提高素质的目的。

三是鼓励商贸人才内部流动。

第七章 基于多领域创新的我国流通转型发展

本章通过对流通转型的技术创新、模式创新、业态创新和服务创新四大领域进行深度探究,指出我国流通创新发展的未来趋势及走向,旨在为我国现代化流通业发展的改革积累经验。

第一节 基于技术创新的流通转型发展

一、商业技术创新稳步推进

我国商业技术的发展和应用伴随着经济发展和科技进步不断推进。改革开放以来,我国商业技术的应用经历了电子收款机结算、单机(计算机)管理、信息技术、电子商务、数字技术等阶段,已进入全面应用普及时期。从发展历程来看,其大体上经历了四个阶段。

(一)第一阶段(20世纪70年代末至20世纪90年代初):商业技术发展启动阶段

早在20世纪70年代中期我国的科技人员就开始关注商业核心技术,当时产生了"立体自动化仓库""自动计量设备""自动售货机"等一批科技项目。1980年,第一台商业电子收款机由北京市商业机械研究所研制成功,标志着我国商业技术发展进入实质启动阶段。随后,商业部组织引进了日本欧姆龙公司528型收款机近4000台,在全国主要城市各大商场推广使用,取得了明显的应用效果,使大型商场的电子结算替代了手工结算。同时,商业系统中批发、零售、储运、餐饮等环节开始尝试运用计算机进行管理。到20世纪80年代末,商业领域以计算机技术为主的信息技术,包括条形码技术、色码技术、基于计算机的商业管理信息系统(MIS)、财务管理软件等应用已具一定的规模,广泛应用于商业活动的购、销、调、存各个业务环节。据不完全统计,当时商业部系统中全国计算机装机量已有约2万台（有数十台小型机），各种收款机约2.5万台。

（二）第二阶段（20世纪90年代中期至2000年）：商业技术快速发展阶段

20世纪90年代，国家对信息技术应用的要求不断提高，信息化成为一项全局性战略，在流通领域全面推进。1994年，国内贸易部（今商务部）发布了文件《关于加强流通领域电子计算机及电子技术推广应用的实施意见》，标志着我国商业领域技术发展和应用进入一个全新的稳步成长期。在政府政策的引导和支持下，商业领域开始广泛应用数据库及计算机网络，建立了社会商业商品分类与代码数据库、全国商情数据库及各企业的商品信息数据库。同时，有关部门还开发了全国计算机网络系统和重点企业信息系统，如全国商业统计信息系统、全国重点大型零售商场信息系统、消费品市场预警预报系统、商业财务信息系统等。

特别是"九五"期间，我国在全面推进大中型企业管理信息系统建设的同时，为适应超级市场、连锁商业的快速发展，推广应用了条形码技术、多种银行卡互通互联技术，探索了现代物流配送、地理信息和网上购物等技术的应用适应性。各级商业管理部门的办公自动化建设开始起步，并取得了显著成效。1998年，中国第一个商业自动化系统ERPV3.0诞生，这标志着我国零售业管理软件开发走出简单MIS阶段，进入了与国际零售业先进水平接轨的高端ERP阶段。据统计，截至2000年底，全国商业系统共拥有小型机100多台，各类计算机10万台以上，各种收款机9万多台，大型商业企业采用计算机管理的约占60%。

（三）第三阶段（2001年至2012年）：商业技术快速普及与升级阶段

进入21世纪，以互联网为载体的现代通信技术、网络技术、数据管理技术得到极大发展。以第三代POS机及PS6000小型机被引进到大型零售企业为标志，商业ERP、商业智能（BI）、供应链管理（SCM）与客户关系管理（CRM）等高端产品不断被零售企业采用，物流自动化技术、全球定位系统（GPS）、射频识别（RFID）技术、条形码技术等也在物流企业得到广泛应用，使大批量和多品类的统一采购、分散销售、统一配送得以实现，并代替了传统商业大量一对一手工制单、手工结算的交易方式。

同时，网络技术在电子商务领域的普及与应用也在不断加深。2000年，我国电子商务网站数量及规模均进入高度膨胀期，商务网站数量超过2500家，

B2C 网上购物平台数量在 1500 家以上。在国家"以信息化带动工业化"战略的推动下，2002 年，中央机构编制委员会批准国家密码管理委员会办公室下设商用密码管理办公室，进一步明确了商用密码管理体制机制，为电子商务网络支付提供了重要保障。同年，由中国人民银行牵头，十四家全国商业银行联合共建的中国金融认证中心正式获得"国家信息安全认证系统安全证书"认证，在电子商务网上交易和支付安全方面取得了重要突破，为我国电子商务产业的飞速发展打下了良好的基础。

（四）第四阶段（2013 年至今）：商业技术深度变革与应用阶段

2009 年，随着资源的组织和调度方式开始逐渐从跨域分布的网格计算向本地分布的云计算转变，云计算技术开始在我国兴起。此后，由于数据格式发展越发多样化，传统关系型存储已然无法满足新时代的应用程序需求，Hedoop 分布式文件系统（HDFS）、非关系型数据库（NoSQL）等新兴大数据技术应运而生。近年来，在国务院印发的《"十三五"国家信息化规划》文件指导下，我国基础设施建设不断演进升级，光纤宽带网络、移动宽带网络、云计算数据中心、广播电视网络、卫星通信网络等多层次、多空间的信息基础设施体系架构逐渐形成。

2016 年，随着发展数字技术上升为国家战略，以移动互联网应用为主，以平台为载体，以数据为驱动的商业技术迅速发展，在流通业各领域各环节掀起"互联网+"转型升级的浪潮。大数据、云计算、物联网、人工智能、虚拟现实等先进信息技术在商务领域中的融合应用开始加深，并推动流通领域实现"质量变革、效率变革、动力变革"，我国流通业逐渐形成了以管理信息系统、电子数据处理系统、决策支持系统为核心，以网络为辅助的商业自动化格局。

二、商业技术创新步伐加快

（一）流通业信息化建设不断加强

近年来，随着流通业创新转型浪潮的到来，流通企业内部信息化建设的需求进一步增强，这迫使众多流通企业通过加快信息化建设实现内涵式增长。

一方面，流通企业纷纷增加对企业现代管理技术的投入，通过信息化管理体系的不断迭代升级彻底实现移动化、无纸化办公，不断提升企业运营效率，如良品铺子打通前、中、后台，整合十余个系统中共计 37 个线上平台，打造"六大中心"，实现全渠道会员管理与企业管理。

另一方面，阿里、京东、苏宁等电商巨头充分发挥平台自有数据资源优势，以云计算、大数据等计算类信息技术实现海量信息数据的有效汇聚、处理与分析,推动流通企业运行变革、模式创新、效率提升,如苏宁为生态圈中32万家企业和1.8亿会员构建了统一对公对私CRM系统,通过数据易到、数据超市等大数据产品的开放共享,率先与家电3C行业的主流品牌建立数据牵引供应链机制,从B2C转向C2B;京东打造慧眼大数据系统,独创内存式预测计算和预先备货模式,通过预测商品未来28天每个仓销量的情况,使商品现货率保持90%以上,实现精准供需匹配。

(二)资源集约化水平逐步提高

借助5G、移动互联网、物联网为代表的先进信息技术,综合性电商平台可以为中小实体门店搭建高效率、低成本的网络沟通平台,促进流通业商流、物流、信息流、资金流、服务流"五流合一",实现资源横向融合、纵向整合,如京东将非品牌化中小门店纳入集商品管理、顾客管理和渠道维护为一体的智慧门店管理系统——行者动销平台,提供优质商品、客户、渠道、品牌资源,有效打通品牌商、消费者与门店之间的"信息孤岛",助其重释市场活力与价值。汇通达通过支持农村乡镇夫妻店进行数字化改造升级及整合、改造市县级的传统经销商和代理商,使商品城乡流通的中间环节扁平化,以最经济的方式解决"农村最后一公里难题",通过整合零散资源,促进农村流通降本增效。

(三)智慧物流体系建设大力推进

当前,以人工智能技术、先进通信技术、数据分析技术为代表的技术应用手段正在改变传统的物流仓配模式,促进仓储、分拣、配送等物流环节实现机械化、自动化、智能化升级,并延伸拓展物流营销、客户服务领域,以降低物流成本,提升物流效率。

一方面,物流企业以科技助力智慧设施建设,不断提升物流机械化、自动化、智能化水平,如苏宁加强物流基础设施网络建设,拥有物流仓储及相关配套设施的总面积达583万平方米,快递网点1.7万个,物流网络覆盖全国352个地级城市、2805个区县城市。

另一方面,物流企业加强数据采集分析技术应用,通过数据化赋能优化行业供应链资源配置,提升物流配送效率,如红星美凯龙设立统一信息系统,整合线路、配送、库存等优化策略和物流计划、资金管理、客户管理等直观的商务智能分析,提高整个物流系统的资源计划控制力度和管理控制能力;物美依靠电子商务工具实现配送作业数字可视化,具备了用统一的供应链支持实体店及线上业务的全渠道配送能力;利群建立了完善的城市配送体系,以自有干线物流为支撑，以自有城市快递为主力，以门店配送为补充，辅以第三方物流，利于迅速实现对区域市场的全面覆盖，确保服务质量与安全，保证快速便捷。

（四）实体零售智慧商店加速布局

近年来，各大零售实体店纷纷实行数字化转型，以智能化陈列优化商品场景化展示功能，以移动互联网、自助收银技术简化支付流程，力求带给消费者最优的购物体验，如在商品展示方面，京东通过"智能魔镜"向消费者展示所有商品相关信息，通过智能摄像头观察记录消费者行为来优化商品推荐及规划陈列；物美利用电子价签系统自动对商品变价，简化了店铺作业，降低了人力成本，提升了顾客体验。在人机交互、智慧收银方面，京东无人超市购物区设置"智能购物跟随车"，可以实现自动停靠及跟随消费者、自动排队同时通过京东APP绑定面部信息和账号实现无人结算等功能。天虹开设会员专属形式无人便利店，连接虹领巾APP，采用RFID射频识别、智能监控、云客服、在线支付等技术手段，通过快速收银、无感核验、实时连接等服务，有效提升智能化购物体验。

第二节 基于模式创新的流通转型发展

一、商业模式创新持续升级

改革开放以来，我国商业模式的发展基本比照外国先进经验进行，接连发展出了连锁经营、现代物流、电子商务、O2O、供应链管理等现代商业模式。当前，随着经济发展和科技进步不断推进，我国商业模式已进入全面创新转型时期。从发展历程来看，其大体上经历了三个阶段。

（一）第一阶段（20世纪70年代末至20世纪90年代初）：商业模式初步探索阶段

20世纪80年代中后期，随着我国经济体制改革的深入，我国企业拥有了一定的经营自主权，从而开始了对特许经营模式的探索。永久、凤凰、飞鸽等自行车厂发展了联营分厂，王府井百货大楼、东安集团等设立了分店，狗不理包子店在1980年、全聚德烤鸭店在1985年就分别以输出品牌和技术等形式建立了分店，这些尝试均可视为特许经营的萌芽。与此同时，国际著名的特许经营企业以直营或联营的方式在我国发展加盟店，以餐饮业、冲印洗相服务、服装专卖、便利店等领域为主，人们在这些领域进行了一些合作、合资特许经营的探索，如1984年8月意大利纺织金融集团以商标特许身份建立了在北京的首家皮尔卡丹专卖店。

（二）第二阶段（20世纪90年代中期至21世纪初）：商业模式快速发展阶段

自1992年党的十四大确定社会主义市场经济体制以来，我国传统运输、仓储、物资、商业货代企业开始探索新的流通模式。时任国务院总理的李鹏提出，要办"为企业服务的原材料配送中心"，随后物资部（今国资委）在无锡、石家庄、沈阳等地开展物资配送试点。与此同时，跨国公司大量进入带来了先进的物流理念、管理和技术，我国生产和流通企业开始重视物流管理，出现了专业物流企业。1999年11月，国家经贸委（今商务部）与世界银行组织召开现代物流发展国际研讨会，时任国务院副总理的吴邦国提出："要把现代物流作为国民经济的重要产业和国民经济的新增长点，努力实现我国现代物流业的跨越式发展。"

同时，随着商贸流通领域的改革开始向纵深的方向发展，我国大型零售企业借助同业横向兼并、发展连锁经营等方式，突破地域限制，形成了一些规模大、实力强、形象好、潜力大的零售企业集团，提高了资源配置和产出效率。2001年是我国零售业大范围的联合并购年，2001年2月，上海华联超市、北京西单商场、北京超市发展连锁公司跨区域联合，组建北京西单华联超市有限责任公司；同年8月，拥有3000多家直营连锁和特许经营超市的华润收购了广东零售企业排名第一的万佳百货72%的股份，组建了华润万佳。

（三）第三阶段（21世纪以来）：现代商业模式快速普及与升级阶段

21世纪我国现代物流开始进入快速发展阶段。2001年，国家经贸委等六部委出台《关于加快我国现代物流发展的若干意见》；2004年，国家发改委等九部委出台《关于促进我国现代物流业发展的意见》，标志着我国政府已经明确了发展现代物流的方针，我国物流政策环境建设取得突破性进展。此后，北京、上海等全国50多个省、市、中心城市开始制定物流规划，不计其数的物流企业也通过制定物流规划开始建设我国的现代物流系统。同时，我国信息基础和实用信息技术逐步发展满足了现代物流的运作需求，物流平台建设开始大规模开展并取得了可观的进展。2015年起，财政部经济建设司、商务部流通发展司、国家标准委服务业标准部开始在全国范围内推行物流标准化试点。2017年，商务部等五部门发布《商贸物流发展"十三五"规划》，提出要加快发展商贸物流业，提高流通效率，降低物流成本，推动我国现代物流模式发展。

进入 21 世纪，网络时代的到来对我国商贸流通经营模式产生了深刻影响，各类现代化商业模式开始快速普及。当前，电子商务正在成为我国商贸流通业的主要发展模式，京东商城、天猫商城、淘宝、阿里巴巴与一号店等诸多电子商务网络平台已经成为商贸流通领域的佼佼者，主营业务包含批发、零售、仓储、物流等。同时，依托大数据、云计算等先进信息技术，传统零售业与网络电子商务平台的线上线下融合逐渐加强。传统零售业将全渠道经营模式作为转型与发展方向，电商企业也纷纷通过开设线下实体店、与实体零售企业合作等多种形式向线下延伸、渗透。

近年来，我国商贸流通企业越发注重在供应链链条上进行资源深度整合，现代供应链管理模式作为我国供给侧结构性改革的有力抓手，开始在我国出现并发展。2016 年 11 月，商务部等 10 部门发布《国内贸易流通"十三五"发展规划》，提出"消费促进、流通现代化、智慧供应链"三大行动。2017 年 10 月，国务院办公厅印发《关于积极推进供应链创新与应用的指导意见》，首次将供应链创新与应用上升为国家战略，并做出全面部署，这为促进供应链降本增效、供需匹配和产业升级提供了有力支撑。同月，国家正式发布《国民经济行业分类》（GB/T 4754—2017），正式给予供应链服务产业 ID，解决了供应链管理服务行业因长期归属和分类不清晰导致的一系列政策法规的适用性问题，促进专业化供应链管理服务企业发展。2018 年 4 月，商务部等 8 部门发布《关于开展供应链创新与应用试点的通知》，在全国范围内开展供应链创新与应用试点。

二、商业模式创新全面推行

（一）现代流通经营模式成为主导

改革开放以来，随着流通规模持续扩大，流通体制改革不断，我国流通业经营模式逐渐实现了从传统商业经营模式向现代化流通经营模式的转变。

一方面，连锁经营已经成为流通现代化的重要内容和零售业领域中最受青睐的主导业态，传统商业企业纷纷向连锁形式转化，实现跨区域发展，如名创优品以大规模直营连锁、加盟连锁经营为目标，从而形成规模效应，提高销售收入；步步高加快对三四线城市县域市场和农村市场进行商业网点布局，实现渠道下沉，提升西南省份的发展速度。此外，根据企业相关数据显示，目前天虹已进驻 8 省市 21 个城市，经营综合百货 66 家，购物中心 6 家，在广东、福建两省拥有 162 家便利店；永辉线下渠道已覆盖全国 15 个城市，Bravo YH 开店 119 家，永辉生活开店 58 家，超级物种已在福州厦门、深圳、南京等地开业 9 家。

另一方面，百货商场积极寻求改变"二房东"的被动地位，努力由联营制向自营制运营模式转变，通过自营品牌及自有品牌的创新研发，不断挖掘自有特色，充分发挥商业流通引导生产、指导消费的作用，如金鹰国际共设立 64 个自营品牌，与联营品牌实现错位互补，通过自营、合作及合资相结合的方式，推出 G.LIFE 系列商品，有效吸引客户流量，提高了商业发展空间；银座集团积极探索经营模式转型，选择部分品类或品牌建立买手制、差异化自营自采模式；利群强调总经销、总代理的品牌掌握和规模化运作，推行买断式经营模式，目前公司旗下已有近 10 家品牌代理公司，通过直接与上游厂商对接使超市和家电自营占比达 95%，服饰类品牌代理的占比达 40%。

（二）线上线下经营模式深入融合

近年来，伴随互联网技术的不断发展，电商企业加速拓展经营版图，传统零售行业也开始逐渐同互联网行业紧密结合，线上线下融合程度逐渐加深，呈现出"你中有我我中有你"的格局。

一方面，传统零售企业加速布局全渠道战略，如物美将数字化技术应用到店铺管理、采购、物流、仓储等多个环节之中，保证商品、营销、会员、供应链和支付五个方面线上线下的高度统一，实现实体零售业务与移动终端平台的无缝衔接；天虹商场通过移动端 APP 实现线上线下融合，通过建设全渠道专柜，以专柜虚拟货架销售更多款式和规格的商品；永辉超市自主运营永辉生活 APP，形成线上下单、线下到家的经营模式，在不断加大辐射半径的同时，也促进零售门店经营增量与购物便捷性不断提升。

另一方面，电商企业也纷纷涉足线下，如阿里巴巴与银泰百货、百联集团、三江购物、苏宁云商、高鑫零售等实体零售企业在零售业态、全渠道布局、支付金融、物流和会员体系等多个层面开展合作，为消费者创造全新的消费场景；京东依托线下超市进行线下渗透，目前其线下超市在销售额及增速方面均已超过线下超市，多个品类市场份额已经位列全渠道第一，这使京东发展成为数十个知名快消品牌的全渠道最大零售商；通过传统实体店转型电商的苏宁也在线下不断发力，继续扩大领先优势。

（三）企业合作经营模式不断涌现

进入 21 世纪以来，随着我国流通业行业竞争加剧，为加强资源优势互补，流通企业在多领域加强合作经营。

一方面，流通企业借助收购兼并等手段重组各地存量商务资源，引进先进运营管理模式,实现实体商业网络互联互通,如三胞收购 HOF 英国皇家百货,利用其先进的商业模式、一流的多渠道供应链体系、自有品牌及买手系统、场景运营能力等,实现优势互补及模式转型;大商集团于 2015 年收购新疆友好集团,为通过新疆口岸引进欧洲商品和走出去创造条件,同时大商收购多国生产基地,拓展红酒和澳牛等稀缺化商品资源,以形成其独有的竞争优势。

另一方面,流通企业积极加强与同业竞争对手、上下游领域企业进行战略合作,通过优劣互补或强强联合,共享优势商业资源,充分发挥规模效应,实现协同发展,如物美与多点达成战略合作,通过推广分布式电商、自由购、秒付等创新成果,加速推动实体零售店面转型升级;三胞与王府井百货达成战略合作,通过引入英国哈姆雷斯玩具商店等体验式场景与互动项目,汇聚了大量人气;沃尔玛与京东达成一系列战略合作,通过入驻京东商城、京东全球购、京东到家等网络平台,启动"88 购物节",实现线上线下联动;唯品会为品牌合作商提供了新款服饰测试增值服务,利用其具有的数据库等优势资源,为新品上市提供一手数据,吸引大量品牌商入驻、合作,目前已签约的品牌商达 2 万家。

(四)供应链一体化模式应用加强

近年来,在物业租金不断上涨,同业竞争日益激烈,网络购物冲击不断加剧的大背景下,众多零售企业将零售环节作为切入点,力求简化供应链上下游环节,促进供应链全链条一体化发展。

一方面,零售企业纷纷同本地供应商开展合作,通过厂家直供、基地直采等采购模式,推行流通环节去代理化,如名创优品实行工厂直采,节省渠道费用,保证价格优势,还实行买断制供货,既能争取到较低供货价格,又能倒逼产品开发,提高产品性价比;家家悦与厂商、农业专业合作社建立常年合作关系,开发国内直采资源,通过与工厂直接对接,实现自养、自采、自销一条龙,保障产品质量,降低流通成本;永辉与中粮、北大荒合作,在东北设立优质粮食农业采购基地,同时在福建、重庆、北京等地投资建设中央工厂,提升长尾农产品的标准化与品牌化。

另一方面,不少流通企业积极走出国门,通过海外兼并收购、战略合作、建立生产基地、铺设物流设施以及开设实体店铺等方式在全球范围内构建健全、系统的垂直产品供应体系,以保障产品的质量与价格优势,如步步高建立美、德、日、澳、新、韩 6 个全球采购中心,在广州、宁波、郑州、香港等地和日本等国家设立物流海外分仓,有效控制经营成本,不断增强经营实力;天虹着力搭建东南亚、韩国、欧洲、美洲、澳洲五大区域的全球直采网络,全球采购海外合作厂家近 50 家,为供应优质商品提供了有力保障;名创优品与 56 个国家达成战略合作,在全球开店 1800 家,2015 年海外营业额达 1.4 亿元,扩大了品牌影响力。

第三节 基于业态创新的流通转型发展

一、商业业态创新渐趋丰富

改革开放以来,我国商业业态逐渐发展出了以百货店、超级市场、大型综合超市、仓储式超市、购物中心为主,便利店、买手店、专卖店等新兴业态蓬勃发展的多元化格局。从发展历程来看,其大体上经历了三个阶段。

(一)第一阶段(20 世纪 70 年代末至 20 世纪 90 年代初):以大型百货业态为主的单一业态阶段

20 世纪 70 年代末至 20 世纪 80 年代中期,中国处于经济体制改革的起步阶段,流通零售业规模较小,大型商业零售业尚未成为我国流通规模扩张的主导型商业形态,我国也没有形成成熟的商业业态。1984 年 10 月,中共十二届三中全会以后,以城市为重点的经济体制改革全面展开,全国形成了兴建大厦的热潮,大型百货商场成为重点构建的对象。仅 1986—1990 年,我国新建的大型零售商场就相当于前 35 年建设的总和。到了 20 世纪 90 年代初期,我国大型商场的发展速度更是惊人。据有关资料统计,我国年销售额在 1.2 亿元以上的大型百货商场,1991 年只有 94 家,1992 年增长到 150 家,1993 年达 291 家,1994 年、1995 年分别达到 488 家和 624 家,而我国年销售额在 10 亿元以上的大型百货商城,1992—1995 年分别是 2 家、7 家、10 家、21 家。

(二)第二阶段(20 世纪 90 年代中期至 2000 年):连锁超市为主体的多业态并存阶段

20 世纪 80 年代中后期,我国超市以在大中型百货商场设立的自选商场或自选柜台以及城市小批发市场里的自选摊位为原始形态开始在我国出现,直至 20 世纪 90 年代中期的一段时间里,超市在我国城市零售市场里并未占据重要地位。20 世纪 90 年代后期,我国大中型连锁超市企业销售规模开始逐年递增,销售增长明显高于社会消费品零售总额的增长与传统百货商店的增长。自 1994 年起,中国连锁超市的平均增速在 70% 以上,成为所有零售业态中发展最快、极具市场活力与竞争力的零售业态。据中国连锁经营协会资料,1998年全国以"超市"为名的年销售额过亿元的超市就有22家之多,每家超市平均拥有门店数69.55个。2000年,连锁超市销售额首次突破百亿元,比1999年增长53%,上海连锁业"三巨头"联华、华联和农工商超市分别位列全国零售业十强的第一、第五和第八位。2001年,前百家零售企业中,以超市为代表的新型连锁企业有33家。

(三)第三阶段(2000年以来):现代商业业态快速普及与多元化发展阶段

20世纪90年代初期,外资零售企业开始进入中国市场。2004年底,随着我国零售业全面开放,外资商业企业解除了区域、类型、业态、股权构成的限制,从而多角度、全方位、深层次地进入中国市场,便利店业态开始相伴出现。此后,大型超市、仓储式会员店、便利店、超大型购物中心等业态相继出现,外资零售企业开始加快拓展市场的步伐。随着市场多种零售业态的出现,传统零售业百货商店业态占据主导地位的格局急剧改变,不少地区的百货商店受到较大冲击开始出现经营不善、企业效益滑坡甚至严重亏损的现象。大量百货商店开始从居民社区退出,进入经济繁华地带,经过补充投资后转型为以经营高档名牌服饰、化妆品为主,以中档名牌商品为辅的现代百货店。

近年来,随着互联网时代的到来,实体零售企业受到来自电商平台的极大冲击,纷纷加强商业业态创新,不断探索转型之路。一方面,顺应我国消费升级的大趋势,百货商店向体验型、互动式业态进行转型,同时注重加强高端、潮流业态的引进与打造。另一方面,商超通过引进多种餐饮业态,积极向强化社区家庭服务、增强消费者体验等方向进行转型。当前,以便利店、购物中心、大型综合体、品牌集合店、品牌旗舰店等新兴业态为代表,我国商业零售业发展出多样化的现代新兴业态,力求为消费者提供完善、周到、便捷的服务。

二、商业业态创新百花齐放

(一)体验型互动式业态方兴未艾

进入21世纪以来,随着我国人民迈入中高收入阶段,我国消费不断升级,消费者越发注重精神层面的体验与感受,百货、超市等传统的消费业态已经不再能满足人们日益增长的消费需求,体验式消费新业态应运而生。一方面,我国流通业逐渐打破细分行业壁垒,商旅文化产业融合程度加深,新业态层出不穷,如天津大悦城开辟骑鹅工坊这一综合文创社交区域,通过引进众多特色鲜明、互动性强、体验感好的商户与品牌,吸引了大量文艺范消费者前来,聚集了大量人气;又如欧亚打造长春欧亚卖场千亿级工程,其中涵盖了城市形象动态博物馆、春夏秋冬游乐馆、五星级酒店、会展中心、民俗村等众多商、旅结合业态,通过旅游体验带动实体零售升级,带给消费者全新的消费体验。

另一方面,越来越多的商家开始将大量消费者体验元素加入商品营销的环节当中,建立多种体验功能项目,如王府井哈姆雷斯专门设有手工益智区供家长和孩子一起拼搭玩具及进行娱乐,IP、体验式的业态已然成为王府井百货的"揽客利器";银座将体验与功能项目引入实体门店,增加餐饮、休息、娱乐等多种综合服务项目,在丰富门店业态的同时,增强体验效果,吸引了大量客流。

(二)高端业态带动消费升级

当前,随着国内经济的不断发展,消费者越发注重生活品质,从消费产品、消费环境再到消费服务等贯穿消费全流程的环节均呈现出向高端化、品质化升级的趋势。

一方面,商业综合体、零售商家基于"回归自然"等人文、绿色消费理念,更加注重营造优美消费环境氛围,以满足消费者的品质消费需求,如北国人百开建北国商城10F空中花园项目,通过构建室内消费绿洲践行"让都市人回归自然"的人文理念,致力于为消费者营造出舒适、和谐的购物氛围。

另一方面,为弥补我国同海外在高端奢侈品、高品质食品、高端电子商品等消费品上的缺口,满足消费者对于高端品质消费日渐庞大的需求,大量高端品牌店在一线城市设立并不断向二线城市延伸。在百货领域,大商引进高端定位的麦凯乐、新玛特商号,对新店一律统一实行新标准,注重在质量上做"精",带给消费者最极致的消费享受;银座、北国人百等商城加大对城市奥特莱斯的引进力度,填补当地奥莱业态的空白,引进高性价比国际轻奢品牌,这获得了消费者的一致肯定。在商超领域,永辉打造"Bravo YH"高端品牌超市,定位注重生活品质和追求高品位的消费者,引进大量高端进口商品及时尚品牌精品,满足现代城市消费者的新消费需求。

(三)商超模块化业态欣欣向荣

当前,各大商超纷纷开始尝试采用模块化经营业态,在经营过程中融入餐饮项目,并通过孵化众多小型餐饮业态,绽放出其在创新求变中的丰富内涵与竞争力,如新华都海物会将商品根据类别划分为独立区域,构成品类专业店小业态,通过实施平台化管理,各小业态可自营可联营,也可组合、调配出可以独立开店的新业态,目前已孵化出茶点、日料、烧腊、铁板四个成熟的小业态;

永辉超级物种成立孵化品牌创新团队，自主研发"超级物种"内加盟供应链品牌，目前已孵化有鲑鱼工坊、麦子工坊、盒牛工坊、波龙工坊、择物工坊、手工包坊、健康有机生活馆、超级外卖、花坊、咏悦汇等一系列种类繁多的细分物种，充分满足各类消费受众的生活需求。

第四节　基于服务创新的流通转型发展

一、商业服务创新高速发展

改革开放之初，商贸服务一直被作为消费的最后一个环节，没有得到应有的重视。近十年来，随着我国先进信息技术的飞速发展，以及消费者对于消费体验和品质追求的不断提升，我国实体零售与电商平台开始加速创新线上线下服务模式，发展出了共享服务消费、定制服务消费等新型服务模式。

（一）第一阶段（20世纪90年代末至2010年）：商业服务萌芽阶段

在我国商业服务发展的历史中，最早出现的是以携程票务网站为代表的线上线下服务模式，即携程网将自己的旅游信息放在网站，供消费者进行浏览选择。但是与现在的在线预订相比，该模式提供的服务非常简单，在电子商务发展之初，只有少数人在携程网进行在线预订和购买。

2007年，我国政府发布《国务院关于加快发展服务业的若干意见》，提出大力发展面向民生的服务业，积极拓展新型服务领域，并设立促进服务业发展专项资金，用以支持生活服务业发展。2010年，得益于国内良好的政策环境，由美国传入中国的团购概念得以迅速发展。网络团购使线上线下服务模式发挥了淋漓尽致的效果，是O2O最具有代表性的商业模式。截至2010年8月底，国内初具规模的网络团购企业数量已达1215家，网络团购成为都市年轻人经济时尚的一种消费方式。

（二）第二阶段（2011年至2012年）：商业服务发展阶段

2011年，网络团购如火如荼，加上各种生活服务网站及应用的增多，中国本地生活服务在线商户数量剧增。同时，团购市场行业竞争加剧，市场份额逐步向几家大型网站集中，美团、百度糯米和大众点评等大型团购网站依靠其高质量的商品和服务发展得越发成熟。

2011—2012年，受到国外共享经济浪潮发展的影响，国内众多领域的共享型服务企业开始如雨后春笋一般大量涌现，如滴滴出行、小猪短租等，为人们的出行、住宿提供了便捷的服务。2012年，国家发布《国务院关于深化流通体制改革加快流通产业发展的意见》，提出构建便利消费、便民生活服务体系，创新网络服务交易模式，流通促进资金要重点支持家政和餐饮等生活服务业的发展，一系列政策支持为商业服务的发展夯实了稳定的基础。

（三）第三阶段（2013年至今）：商业服务稳定阶段

2013年，团购市场基本处于稳定状态，开始向深度方向发展。同时，随着互联网技术和商业模式的不断成熟、用户的广泛参与以及大量的资金投入，共享服务得以与O2O模式更好地结合在一起，摩拜、ofo、滴滴等部分领域的代表性企业的体量和影响力迅速扩大。此后，各类定制化服务网络平台也遍地开花，以满足消费者由商品到服务的多样化、个性化消费需求。2016年，国务院办公厅发布《关于推动实体零售创新转型的意见》，强调要将线下物流、服务、体验等优势与线上商流、资金流、信息流融合，加大对我国实体零售服务的支持力度。

二、商业服务创新日新月异

（一）实体零售服务模式不断创新

改革开放以来，随着国民收入水平的不断提高，消费者不再仅满足于消费终端产品，开始更加注重消费过程中的感受，大量实体零售企业通过创新线下服务方式不断提升消费者的购物体验。

一方面，实体零售商通过简化购物流程，完善售后服务，着力增强消费者的满意度，如三胞摒弃"推销"的导购模式，坚持"不推荐、不跟随、不诱导"，只做体验示范和产品讲解，获得消费者的极大好评；红星美凯龙建立以顾客感受、商户感受和问题管理为核心的售后服务指标，通过对所有订单在24小时内进行回访，每月对所有商户进行满意度调研，以及对问题100%跟进解决，确保无一起积压客诉，保障业务良性发展。

另一方面，实体零售商通过引入各类体验式消费项目、增加消费服务环节，不断提升消费趣味性，以增强对消费者的吸引力，如北国人百利用空中花园项目，提供如集体婚礼、印象莫奈艺术照、大型儿童古装走秀、WUO嘉年华2017石家庄音乐节等一系列丰富的文娱服务，极大满足了消费者的情感需求，吸引了大量顾客前来消费购物。此外，商业街区还大量引入DIY工坊、电影院、图书馆、美食广场等各类娱乐消费场景，如今体验、服务消费已经成为主流。

（二）网络平台服务水平不断优化

进入 21 世纪以来，随着大数据、云计算等先进信息技术不断应用在商业领域，它们为商家和消费者提供了多样化的便捷服务。

一方面，综合类电商平台依托海量信息资源和流量优势，为第三方入驻卖家提供包括营销、金融、物流、供应链优化等一系列配套服务，如苏宁提供了合同物流、仓储代运营、仓配一体、供应链金融、仓储租赁等多元化的服务产品，以满足上游供应商、平台商户、外部平台合作伙伴在物流能力建设和运营管理上的合作需求。

另一方面，各类网络服务平台借助移动互联网、人工智能、大数据、GPS 等现代新兴信息技术不断创新商业服务模式，为消费者提供涵盖衣食住行等领域的各类生活服务，如饿了么、美团外卖等市场主流外卖平台为订餐客户提供高效率的智能配送服务，使消费者足不出户就能享受到热腾腾的美食佳肴。此外，携程同程旅游、去哪儿等在线旅游预订平台飞速发展，吸引用户规模不断上涨。2018 年 6 月，在线旅行预订用户规模高达 3.93 亿，较 2017 年末增长 1707 万人，增长率达 4.5%。同时，我国已出现一起科技、沪江网校等在线教育领头平台，它们为消费者提供了从基础教育、技能培训再到职业培训的各类细分教育服务，通过线上的技术支持和平台互动，触达广泛的用户群体。

（三）共享服务模式加速拓展延伸

近年来，以线上线下融合为特点的共享消费模式开始在我国兴起，并逐渐发展成为流通消费的一个重要领域。2017 年，我国共享经济市场交易额约为 4.9 万亿元人民币，较 2016 年增长 47.2%。在出行领域，滴滴打车为消费者提供包括顺风车、快车、专车、出租车等随时随地的约车服务；摩拜单车等共享单车着力于解决居民出行的最后一公里问题。在住宿领域，小猪短租、木鸟短租、途家等房屋租赁平台通过 C2C 的个人闲置房源或 B2C 的企业自行购置模式，为消费者提供共享公寓服务。在餐饮领域，以回家吃饭 APP 为代表的家厨共享模式通过优化配送体系、改善供给侧食材等方式为消费者提供特色餐饮服务体验。此外，共享充电宝、共享雨伞、共享按摩椅等共享类生活服务设施也迅速涌现，各类服务提供商不断拓展场景布局，力求为消费者提供全方位的共享便捷服务。

（四）定制化服务深受消费者青睐

改革开放以来，随着我国经济规模不断扩大及互联网技术飞速发展，人们思想意识逐步解放，居民消费开始迈入个性化消费的新时代，私人定制化服务方兴未艾。在服装领域，私人定制服务不再是明星、名人的专属，开始向白领等普通人群扩张，红领、报喜鸟、七匹狼等成衣品牌也纷纷转型升级开启私人定制化服务，如红领搭建了个体直接面向制造商的C2M个性化定制平台，为消费者提供"一人一版、一衣一款"的设计与裁剪服务，形成以工业化的手段、效率和成本的方式大规模定制个性化产品的智能制造系统，受到消费者的一致好评。在家电领域，各大生产商从"颜色、图案、尺寸"等基本元素推广入手，并进一步延伸到外形设计、内部空间以及独特的智能操控等核心元素，不断探索多功能、个性化家电产品的生产定制，如海尔推出家电个性化定制平台，通过世界各地的设计师资源以及海尔强大的研发制造能力，为消费者提供一对一定制化服务。在旅游娱乐领域，携程、同程旅游等线上电商平台汇集各类稀缺性旅游资源，提供各类个性化、定制化、多样化、一对一的私人服务，受到消费者的一致欢迎。

第五节 流通创新发展的未来趋势

一、流通业技术创新水平不断提升

随着流通领域物联网、大数据、云计算、移动支付、人工智能、区块链以及生物识别等一系列新兴先进信息技术的推广与应用，智慧物流、智慧供应链、智慧商店、智慧社区和智慧商圈将会得到进一步发展，流通领域的机械化、智能化、自动化水平将在未来不断提升。

一是大数据将成为新一轮"互联网+流通"的创新要素。随着流通领域海量交易信息、客户信息、消费信息等信息实现数据化和集成化，流通领域将在未来成为大数据高度汇聚的关键领域，为流通企业利用大数据进行再创新带来巨大发展前景，如零售企业通过大数据平台对人们每天消费活动中产生的海量数据进行分析，从而精准构建用户画像，在改善消费环境、实现精准营销、优化采购流程、提供相关服务等方面进行创新，以实现经营效益最大化。

二是无人仓库、分拣机器人和无人机正在成为热点。物流环节由机械智能化操作替代人工操作已经成为大势所趋，当前以京东为代表的众多零售企业加速机械化、智能化、自动化物流基础设施的布局和改造，力求在商品入库、存储、加工、包装、分拣等各个环节实现全流程、全系统的智能化及无人化。未来，在高效人机协同系统的管理下，我国物流业有望实现全自动化仓储、分拣、运输与配送，从而促使物流成本大幅降低，使流通效益不断提升。

三是商业基础设施不断完善。依托现代信息技术，智能商店、智慧商圈等智能化商业基础设施不断建设完善，为消费者提供智能商品展示、无人结算、信息索引及各项便民服务，掀起实体零售行业的深刻变革。当前，自动售货机、无人超市、无人餐厅等相继出现，受到消费者的一致热捧，智慧停车场等商业设施也极大地便捷了消费者的生活。未来将有智能家居商店、未来商店等更多的智慧商业设施问世，遍及人们生活的方方面面，为消费者提供绝佳的产品与体验服务。

二、流通业模式变革程度不断加深

当前，随着各项先进信息技术普及程度的不断提升，大量的多样化需求加速涌现，流通业商业模式变革越加深刻，新兴模式将不断出现并得以快速发展。

一是在网络和信息技术的支持下，传统商业企业从零售环节入手，与上下游企业建立合作伙伴关系，推动供应链创新。当前，众多零售企业通过整合上下游供应链资源带动从生产、采购、物流到配送环节的一体化发展，加快向全流程供应链管理的现代化经营模式转变。未来，以企业自采自营模式为代表的流通领域纵向一体化发展趋势将会进一步加深。同时，先进信息技术将会进一步加速供应链整合，通过互联网技术打造的网链结构模式将使得供应链上所有节点的企业全部联系起来，以便于进行系统优化实现生产和销售的有效链接，从而促进商流、物流、信息流的合理流动，提高整个流通领域的流通效率。

二是在"互联网+流通"的大背景下，批发企业从交易环节入手，逐步带动流通产业链各环节集成创新。当前，大宗商品及批发市场各类网络交易活动不断活跃，带动行业信息、征信、物流检验认证等各类相关服务主体"触网"，逐步形成了连接生产与消费环节，聚集多种类、多层次流通服务模式的新型流通产业链。未来，我国大宗商品市场和批发市场将加快电商化触网进程，激活其价格指导、在线盘询、精准营销等信息咨询服务功能，加深同互联网金融企业、银行、物流企业的合作，拓展供应链金融、物流配送、检验认证等多项供应链增值服务，加速整合供应链上下游资源，实现一体化创新。

三是线上线下融合不断深入，电商企业加快与实体流通企业合作，探索线上线下资源整合新模式。当前，我国电商行业在经历了多年的高速发展以后主动调整、转变发展思路，与实体商业开展合作，实现可持续发展。同时，由于遭遇电商企业的大力冲击，实体企业也加速了信息化改造的步伐，积极探索线上业务。未来，电商企业与线下实体流通企业将开展更多的合资合作，借助大数据和移动端创造新的商业模式，在更好地满足用户需求的同时实现提质增效。

三、流通业业态融合趋势不断加强

随着现代信息技术在流通领域的应用不断深入而带动流通新业态、新渠道持续活跃创新，我国流通业将逐渐形成传统业态与新兴业态竞争、共存的局面，促使业态结构呈现多样化、边界模糊化的发展趋势。

一是我国流通业加快"引进来"与"走出去"的步伐，通过大力发展海淘与跨境电商等流通企业，加速国内流通业向全球范围拓展，呈现出国内外贸易一体化融合发展的趋势。当前由于国内外商品仍存在较大质量与价格差异，消费者热衷使用小红书、天猫国际、京东全球购、网易考拉等B2C跨境电商平台进行海外购物。未来，随着各项政策红利不断释放，通关手续不断简化，跨境电商仍将保持高速发展势头，促进国内外商业价值链有机整合。

二是零售业加深与其他相关产业之间的相互渗透，催生出了各种新兴模式，当前零售业业态创新呈现出同食品加工、通信器材、家用电器等制造业，以及文化、娱乐、教育、旅游、体育、医疗等服务业相互融合、协同发展的新趋势，从而能够更加全面、精准地满足消费者的多元化需求。未来，产业边界将会更加模糊，产业融合的特征将会更加明显，激发更多的商业业态创新发展。

三是实体零售企业不断探索业态多元化发展，呈现出零售百货与商超相结合、商超与餐饮相叠加的发展趋势。未来，越来越多的大型零售企业将通过连锁经营主导下的百货店或购物中心+大型综合超市、百货店+专业店、超市+便利店等方式进行多业态组合经营，通过业态的灵活组合，打造经营亮点，增强其对消费者的吸引力。

四、流通业服务触及程度不断变广

随着"互联网+"流通创新应用不断深化，未来流通服务业将逐步呈现出向生产和生活的众多领域延伸、拓展的趋势。

一是"互联网+"将加速渗透，促使生活服务业向在线化、标准化、便利化发展。近年来，移动互联网等新一代信息技术加速发展，使O2O成为最具活力的经济形态之一。O2O服务模式在住宿、餐饮、家政、装修、洗车、婚庆、健康、教育等服务领域中的应用层出不穷，在降低交易成本的同时也极大提升了消费者的用户体验。未来，O2O模式还将持续不断地深入渗透到商贸流通和人们生活的方方面面。

二是共享服务方式将渐趋成熟，有望向更多领域拓展，成为拉动消费、集约资源、提升效率的重要方式。未来，随着国家法规及监管的不断完善与健全，我国共享服务将向人们衣食住行的更多方面延伸，衍生出从班车、私家汽车、轮船等交通工具的共享，到二手服饰、饰品、礼品的共享，甚至出现技能与劳动力共享等多样化共享的服务模式。

三是基于个人大数据分析的个性化服务将向更多领域拓展，如在餐饮方面，未来有望实现基于个人身体健康指标和消费记录，通过大数据的方式进行菜品智能推荐的服务。在出行方面，将会实现与体验感相关的汽车零部件定制服务，还有望拓展各类售后个性化服务等。

参考文献

［1］周殿昆. 中国商贸流通业制度变革与持续发展［M］. 北京：经济科学出版社，2018.

［2］上创利. "一带一路"大流通背景下中国商贸流通业发展方式转变的理论与政策研究［M］. 北京：经济科学出版社，2019.

［3］商务部国际贸易经济合作研究院. 迈向流通强国之路：40年改革开放大潮下的中国流通［M］. 北京：中国商务出版社，2018.

［4］李晓慧. 中国流通业增长效率研究［M］. 北京：经济科学出版社，2017.

［5］张琰. 中国商贸流通业现代化建设研究［M］. 长春：吉林大学出版社，2017.

［6］李晓慧. 中国流通业发展证实研究［M］. 北京：首都经济贸易大学出版社，2017.

［7］马强文. 中国流通业的经济增长效应研究：理论与实证［M］. 北京：经济科学出版社，2017.

［8］麦迪森. 中国经济的长期表现：公元960—2030年［M］. 伍晓鹰，马德斌，译. 上海：上海人民出版社，2008.

［9］成致平. 价格改革三十年（1977—2006）［M］. 北京：中国市场出版社，2006.

［10］张卓元. 新价格模式的建立与市场发育的关系［M］. 北京：经济管理出版社，1996.

［11］裴长洪. 中国对外开放与流通体制改革30年研究［M］. 北京：经济管理出版社，2008.

［12］祝合良. 中国商品流通的规范与发展［M］. 北京：首都经济贸易大学出版社，2018.

[13] 王俊. 流通业对制造业效率的影响：基于我国省级面板数据的实证研究[J]. 经济学家, 2011（1）.

[14] 余泳泽, 武鹏. 我国物流产业效率及其影响因素的实证研究：基于中国省际数据的随机前沿生产函数分析[J]. 产业经济研究, 2010（1）.

[15] 汪旭晖, 徐健. 服务效率、区域差异与影响因素：零售业上市公司证据[J]. 改革, 2009（1）.

[16] 汪旭晖, 徐健. 基于超效率CCR-DEA模型的我国物流上市公司效率评价[J]. 财贸研究, 2009（6）.

[17] 杨青青, 苏秦, 尹琳琳. 我国服务业生产率及其影响因素分析：基于随机前沿生产函数的实证研究[J]. 数量经济技术经济研究, 2009（12）.

[18] 王小鲁, 樊纲, 刘鹏. 中国经济增长方式转换和增长可持续性[J]. 经济研究, 2009（1）.

[19] 谢千里, 罗斯基, 张轶凡. 中国工业生产率的增长与收敛[J]. 经济学（季刊）, 2008（3）.

[20] 章迪平. 流通业发展方式转变实证研究：以浙江省为例[J]. 商业经济与管理, 2008（8）.

[21] 王先庆, 房永辉. 流通业成为"先导性产业"的约束条件和成长机制[J]. 广东商学院学报, 2007（6）.

[22] 尤建新, 陈江宁. 基于DEA方法的零售企业经营效率的分析[J]. 上海管理科学, 2007（3）.

[23] 王志刚, 龚六堂, 陈玉宇. 地区间生产效率与全要素生产率增长率分解（1978—2003）[J]. 中国社会科学, 2006（2）.

[24] 杨向阳, 徐翔. 中国服务业全要素生产率增长的实证分析[J]. 经济学家, 2006（3）.

[25] 许宪春. 中国两次GDP历史数据修订的比较[J]. 经济科学, 2006（3）.

[26] 颜鹏飞, 王兵. 技术效率、技术进步与生产率增长：基于DEA的实证分析[J]. 经济研究, 2004（12）.

[27] 杨向阳, 徐翔. 中国服务业生产率与规模报酬分析[J]. 财贸经济, 2004（11）.

[28] 徐宏毅, 欧阳明德. 中国服务业生产率的实证研究[J]. 工业工程与管理, 2004（5）.

[29] 张军, 吴桂英, 张吉鹏. 中国省际物质资本存量估算：1952—2000

[J]. 经济研究, 2004 (10).

[30] 张军, 施少华. 中国经济全要素生产率变动: 1952—1998 [J]. 世界经济文汇, 2003 (2).

[31] 谢千里, 罗斯基, 郑玉歆, 等. 所有制形式与中国工业生产率变动趋势 [J]. 数量经济技术经济研究, 2001 (3).

[32] 姚洋, 章奇. 中国工业企业技术效率分析 [J]. 经济研究, 2001 (10).

[33] 王小鲁. 中国经济增长的可持续性与制度变革 [J]. 经济研究, 2000 (7).

[34] 姚洋. 非国有经济成分对我国工业企业技术效率的影响 [J]. 经济研究, 1998 (12).

[35] 徐宏毅. 服务业生产率与服务业经济增长研究 [D]. 武汉: 华中科技大学, 2004.

后 记

笔者以我国流通业的发展历程为主要时间线，阐述了流通业增长对我国经济的影响等方面内容，在撰写过程中收集了大量有关流通业发展的数据，并对不同环境下的商贸流通结构进行针对性分析，旨在为我国现代流通业的发展营造出一个良好的发展空间。

在撰写本书的过程中笔者阅读并参考了大量的学术论著，研究了众多专家的理论思想，在此表示深深的感谢！

由于水平有限，书中难免存在些许不足之处，望广大读者批评指正，定虚心接受，与大家共同进步！